胖东来，
你要怎么学？

王慧中 —————— 著

中信出版集团｜北京

图书在版编目（CIP）数据

胖东来，你要怎么学？/ 王慧中著. -- 北京：中信出版社, 2025.6. -- ISBN 978-7-5217-7350-7

Ⅰ.F724.2

中国国家版本馆 CIP 数据核字第 2025A8Q675 号

胖东来，你要怎么学？
著者： 王慧中
出版发行：中信出版集团股份有限公司
（北京市朝阳区东三环北路 27 号嘉铭中心 邮编 100020）
承印者： 北京联兴盛业印刷股份有限公司

开本：880mm×1230mm 1/32 印张：10.25 字数：188 千字
版次：2025 年 6 月第 1 版 印次：2025 年 6 月第 1 次印刷
书号：ISBN 978-7-5217-7350-7
定价：69.00 元

版权所有·侵权必究
如有印刷、装订问题，本公司负责调换。
服务热线：400-600-8099
投稿邮箱：author@citicpub.com

目录

序　爱的传道者　　　　　　　　　　　v
初版自序　寻找和发现中国的企业思想家　ix
再版序　　　　　　　　　　　　　　　xiii
初版前言　　　　　　　　　　　　　　xix

1 许昌出了个胖东来　　　001

东来初长成　　　003
新乡鏖战急　　　015
许昌对决　　　　028
许昌的暴风眼　　038

2 灯一样的企业 051

南阳万德隆：东来咋说就咋办！ 053
68°C：用爱做咖啡 068
台湾新新娘：让每位新娘都更幸福 077
大智若鱼：要做餐饮行业的幸福型企业 086
于东来的非权力性影响力 095

3 真正的人性化管理 103

把员工当作完整意义上的人 105
让创造财富的人分享财富 120
激励，不仅仅是"财散人聚"这么简单 135
培养"能干会玩"的员工 156

4 让顾客满意　　173

- 回归商业本质　　175
- 供应丰富的商品　　189
- 谋求合理的价格　　199
- 营造温馨的环境　　211
- 提供完善的服务　　222

5 文化立企 文化强企　　235

- "东来特色"的企业文化　　237
- 胖东来经营之道　　252
- 胖东来的企业文化地图　　267
- 打造企业活力场的道、法、术　　268

后　记　　291

序　爱的传道者

我天性要强、虚荣、好面子、心胸小、贪婪。由于年少时没能重视和接受哲学、自然科学等方面的基础教育，再加上文化水平低，我一度没有清晰的人生观，没有明确的人生信念和目标，更没有自己做人做事的标准和原则，只是怀有对金钱和物质的向往与追求。

因为教育的缺失，我的人生难免为社会的潮流所裹挟，逐渐丧失了自己主宰事业和生活的能力与自信。我不懂得修炼心性，不懂得爱惜身体，更不懂得珍惜和分享人生宝贵的时光和经历。为了追逐所谓的功名利禄，我的青春之路走得坎坎坷坷、跌跌撞撞，辛苦又艰难，我身心俱疲，为此付出的健康代价更是无法挽回。虽然我在某些方面取得了一些小小的成就，但失去的太多太多，这样的人生幸福指数太低，失落远多于快乐。

我只是一个不断追求人生成长的普通人,历经坎坷,才成为觉悟人生本质和真谛的践行者。我曾经愚昧无知、追名逐利,而今追寻的是乐观、知足、善良、勤奋,与大家分享人生的价值与经历,做一个明世理、活自己、心灵高贵、思想自由、活在当下的人,透明而不失童心。

我很想把自己的思想、经验、感悟详细地表达出来,和朋友们分享,毕竟在这么多年的成长过程中,我经历了很多,思考了很多,也践行了很多,思想在不知不觉中清晰起来——事业目标从只为个人生存发展到帮助他人、造福他人、造福社会;探索方向也从物质追求转变为满足精神需求。在成长的过程中,我知道了未来的路是如此遥远和漫长,我们的本性是对幸福、自由、快乐的渴望,可我们的生命状态在短暂的愉悦后总是表现得那么苍白、无力,所以需要持续学习和成长。

联合国发布的《全球幸福指数报告》显示,丹麦、挪威、瑞士、荷兰、瑞典被评为最幸福的国家,北欧国家的排名普遍靠前。看到这些国家的人民生活得那么随性、简单、坦诚、勇敢、勤奋,那么充满激情、活力四射、自由而浪漫,却又淡定、悠闲、自然、健康、理性地面对生命和生活,我会想,处在同一个地球上的很多人为什么过着多是由浮躁所致的辛苦而悲壮的生活,表现出过度的自卑、贪婪、忌妒、虚伪和自私。

所以我特别向往那种阳光和自信的生活态度，向往分享自然、分享生命信念的生活方式，向往人们彼此真诚、善良和友爱的生存环境，向往简单、纯洁、轻松的人际关系和行事理念。我在不停地探索、学习和感悟，并希望能传播自己悟明白的道理。

我对生命的领悟，源于对宇宙浩瀚的了解。科学家认为宇宙的可观测范围直径达到 930 亿光年，约 8.8×10^{23} 千米。银河系的直径可能是 190 万光年，也就是 1.8×10^{19} 千米。而太阳系距离银河系中心尚有大约 3 万光年的距离，即 2.84×10^{17} 千米。细想一下，在广袤的宇宙中，人渺小得连一粒尘埃都算不上。地球已有约 46 亿年的历史了，在距今 600 万年前人类与黑猩猩共同祖先分化，逐步进化为现代人类。这么一比，我们的人生何其短暂！

我们的生命渺小而短暂，让每个人都能活得更真实、善良、勤奋、自信、阳光、简单、纯净和乐观，幸福快乐地分享自然和生命的宝贵是我不懈的追求和衷心的企盼！

人类七八千年的文明史发展出了佛教、基督教、伊斯兰教等多种影响深远的宗教，孕育出了古埃及文明、古印度文明、两河流域文明、中华文明、古希腊文明、古巴比伦文明、古罗马文明、玛雅文明等奇迹。对于中国的传统文化，我们既要发扬其顺应自然和人性发展规律的精华，也要扬弃其中愚昧落后的糟粕。

我想做的一切其实很简单，就是本着改善社会现状、倡导优秀文化氛围的良好愿望，首先做好自己的本分——把胖东来经营好、把自己的员工和顾客照顾好，然后在可能的情况下，讲述和分享自己的人生感悟和活明白的道理，希望让更多的人早一天清醒地认识到要为自己而活，早一天感受到幸福的价值和生命的真谛。

因此，我很支持王老师沉下心来，为读者朋友深入地讲讲真实的胖东来，说说我们这群人究竟在经营一份怎样的事业。亲爱的朋友，如果这本书能给你带来一些触动，并对今后的工作有所启发，我相信，不仅你会更加自信、幸福，也将惠及你身边的许多家庭。若如此，我一定要衷心感谢你帮助我向着"善良、勤奋、自由和博爱"的人生信仰迈进了一步！

初版自序　寻找和发现中国的企业思想家

管理大师彼得·德鲁克曾预言:"21世纪,中国将和世界分享管理奥秘。"

中国经济连续30多年保持了快速发展,中国企业在新兴市场上的竞争优势也日益明显。很多深具中国管理智慧的优秀企业案例已经出现,但企业界依旧缺乏一种成熟的中国式管理模式。

如果反躬自问,我们实在是乏善可陈:

(1)我们提交了开创性的学术成果吗?

(2)我们设计过很多实验来验证各种观点吗?

(3)我们在传播西方的某个学术观点前,质疑和验证过它吗?

(4)我们考虑过西方管理理论在中国落地时的水土不服吗?

(5)我们有真正深入地剖析过一个中国企业案例吗?

(6)我们在研究大量企业案例后提炼出了普适性的管理

理论吗？

中国企业界确实还存在很多问题，个中原因也许错综复杂，但管理学界一定难脱干系。我们在很长一段时间内坚持强调企业经营的唯一目标是利润最大化、股东利益最大化，并设计出各种绩效考核工具驱使员工实现绩效目标。

我们一直崇尚和推广西方的管理思维、管理工具，而中国企业家已经在长期的管理实践中成长起来了！他们摸着石头过河，发展出了一套属于自己的经验和方法，其中隐藏着宝贵的中国式管理哲学，但是管理学界仍未深入探讨与研究，甚为可惜！

我坚信，中国企业界和中国管理学界绝对不会集体缺席，中国一定会有自己的企业思想家，向世界展示"中国人是如何管理企业的"！在检讨不足的同时，我们也一直在行动，寻找和发现中国的企业思想家和具有中国式管理特点的标杆企业。

德鲁克先生说："一家企业只能在企业家的思维空间内成长。"我们找寻的企业思想家应该比普通的企业家有更开阔的视野、更高尚的情操、更崇高的境界，他们会深入思考企业经营哲学、文化体系构建、企业与社会关系等高阶问题，把人类的福祉、国家的政策、行业的利益融入企业发展战略，把环境保护、安全、社会责任放在速度、规模和效益之前，有一往无前的企业精神和永远面向正前方的人生态度。他们既是企业的领头人，也是整个社会发展的坚硬基石！

以这样的标准来看,有一个人逐渐成了管理学界的焦点。那就是河南胖东来商贸集团的创始人——于东来。他是个初中没毕业的纯"草根",但他创建的"胖东来模式"已成为我国零售业的一个范本。于东来被上海连锁经营研究所所长顾国建誉为"为零售业而生的人",同行也说他是个经营"奇才""鬼才",许昌大商集团新玛特的高管就曾亲口讲:"胖东来这个企业,是国内市场上鲜有的、会让竞争对手钦佩的企业。"

胖东来神话般的经营绩效背后,是于东来的经营思想和经营哲学。于东来的创新是超越性的,他要求员工"能干会玩",这将在企业人力资源管理领域引发一场革命,因为他"把员工当成完整意义上的人来看待",而胖东来一切突破性的管理制度皆源于他对人性的精准洞察。

创业之初,于东来就以"目标、自主、专精"为要求激励员工,这一点与丹尼尔·平克的"驱动力3.0"理论精髓高度契合。胖东来在企业发展过程中不断实现文化跨越,不断重新梳理和调整整个企业的文化架构、发展战略和制度体系。

我写这本书,是希望能一花引来百花开,中国各行各业的佼佼者和思想家都能争奇斗艳,向世界展示中国企业的风采。把中国建材集团和国药集团同时带入世界五百强的双料董事长宋志平先生曾一言以蔽之:"综观全球,每个行业内的佼佼者都是行业内先进思想理念的引领者,不仅内部要有良好统一的文化，对外还要有引领整个行业发展的思想，要给全行业做出前瞻性指导，发挥引领作用和领袖风范。"

未来，企业最大的核心竞争力将是企业家特有的思维模式和创新精神。因此，中国企业界的下一个目标不仅仅是创建更多家世界五百强企业，也是创造更多闪光的企业思想。

我看见，中国的李·艾柯卡、杰克·韦尔奇和稻盛和夫正在不断涌现，正应了那句话——这世界并不缺少美，而是缺少发现。

如果，每个行业都有一个标杆企业、一位企业领袖，引领行业健康发展；

如果，有更多"灯"一样的企业和企业思想家，为众人照亮前行的方向；

如果，管理学界的"伯乐"，能发现更多的"中国好企业"和企业思想家；

那该有多好！

再版序

时光荏苒,如白驹过隙,似乎只是瞬间,但蓦然回首,距离《胖东来,你要怎么学?》一书出版已是多年。

2013年,当我由于机缘巧合踏进胖东来时,胖东来在零售连锁业界已是声名卓著!

基于2023年掀起的又一波学习胖东来的热潮,《胖东来,你要怎么学?》再度翻红,一时洛阳纸贵,一书难求。

为了满足社会上学习胖东来的需求,中信出版集团与我联系,希望能再版《胖东来,你要怎么学?》,并要求我撰写一篇再版序,谈谈10年后对胖东来的再认识,以及"胖东来,究竟怎么学"。

回忆在胖东来的4年,我沉浸在它独特的利他文化氛围中,时时被其深深打动。

于东来在创业之初就把"你心我心,将心比心""以我的真品，换你的真心"作为自己的经营理念，这也是他最早的企业文化。

1998年3月15日的一场纵火报复案，使于东来3年心血化为灰烬，却也使他如凤凰涅槃、浴火重生：员工的不离不弃，顾客、朋友的倾情支持，都使于东来感动不已。时至今日，回忆当初，每每说到动情之处，这个自嘲"喜欢哭"的男人依然会眼眶泛红。

他说，和其他创业者一样，我一开始也就想赚点儿钱，改善一下生活，经历这次磨难，我的社会责任意识开始萌芽，我认识到，企业并不是我个人的，于是我下定决心，要做一个伟大的人，造福顾客、回馈社会。

于东来的这次经历使他如凤凰涅槃，获得了精神上的升华！

自此，于东来在一步一个脚印踏实发展胖东来的同时，始终没有忘记让"东来文化"与时俱进、同步发展。

如今胖东来能有如此的成就，皆是他几十年如一日、坚持在"文化立企、文化强企"的道路上持续前行的结果。

眼下，这本书10年前的基本脉络和描述依然符合当下胖东来对外展示的形象，如果要进一步描述于东来作为企业思想家的形象，剖析他对人性的不俗认知和哲学思考，应该是另一本新书的任务。但是，我的任务是认真把这篇再版序写好，特别是要谈谈 10 年后对如何学习胖东来的新认知!

希望再版的新书能早日和读者见面,让更多来胖东来参访的学员有一本记录胖东来文化发展历史脉络、内容翔实可靠的书。

2016 年,我离开了胖东来,原因是受到全球范围内管理范式转变的感召。在百年未有之大变局中,不仅国际经济格局发生了重大变化,企业管理的理论和实践也发生了翻天覆地的变化。

发端于 20 世纪六七十年代的科技进步,引发了社会经济的发展和进步,工业经济社会开始向数字经济社会转变,从相对稳定和变化缓慢的社会形态,向变化迅速和高度不确定的社会形态转变。

被誉为量子管理奠基人的牛津大学教授丹娜·左哈尔的著作《量子领导者》由北京大学国家发展研究院杨壮教授领衔翻译出版,在国内管理学界激起了涟漪!

中国管理学界和企业界在向西方学管理的过程中,发现全盘西化不能解决中国企业的管理问题,需要将西方科学哲学和中国传统文化精髓相融合,形成东西方可共享的企业管理新理论、新模式,由此开创并不断探索量子管理的新实践。

于是,我潜心投入量子管理学研究、实践和传播,直至今日。

当管理范式从牛顿管理向量子管理转变之后，本质变化是什么？

限于篇幅，我们只能简约地表述为，两者之间的变化之一在于管理底层逻辑的变化，亦即对员工定义的变化。

在牛顿管理的视角下，员工无权也没有能力参与企业管理，亦不参与剩余价值的分配，员工只是企业获取利润的工具，是企业机器上的部件和螺丝钉；企业的组织结构是层级制的，管理是中心化的，是命令式的、自上而下的，管理就是"管人理事"，员工只需被动地听话照做。

在这种管理范式下，员工无法发挥主观能动性，也无法参与企业的变革升级。

而在量子管理的视角下，人作为本自具足的个体，天生具有善意和无限潜能！因此，于企业而言，员工不应该是工具，而应该随着企业的发展成长和完善。

在这种管理范式下，企业追求"公平、自由、爱和幸福"，追求全体员工的共同福祉，这样的企业想办不好都难。

在这种社会形态和管理范式的感召下，我沉浸其中，乐此不疲。

"如果你在实践中获得了成功，那一定是你做对了什么！"

从2016年至今，虽然我把主要精力转移到了量子管理学的研究、实践、传播上，但企业文化建设是管理系统垂直领域的一个重要范畴，因此我的视线从未离开过胖东来。

在电商冲击下，又遭遇疫情围堵，商贸零售行业哀鸿遍野，胖东来却逆势而上，稳步向前发展。

至2023年疫情解封时，胖东来更是一飞冲天，7万平方米的天使城开业，引发一波学习浪潮，前往胖东来考察学习的人络绎不绝，在"十一"期间更是创出了接待276万人次的历史纪录。

胖东来成功的要素是什么？"胖东来，你要怎么学？"这个问题再次引发人们的思考。

于东来实践着他的愿景和使命：做一个爱的传道者，做一个伟大的人；成为一所学校，成为一个榜样；成为一束光，点亮自己，照亮别人！善待员工，员工才会善待企业，进而服务好客户。

于东来的原话是：

把员工当家人，把顾客当亲人，也把自己——别人眼中的企业家当人。

企业家要活得像人，不要只为赚钱，成了功名的奴隶。

于东来虽然没有说他所实施的管理是量子管理，我却发现这种管理和量子管理理论高度一致。

这是当下一种普遍的社会现象：外部社会环境和企业内

部员工的变化，使企业不得不实行管理变革，但是中国的管理学界尚未提出一套新的、系统的管理理论体系来指导企业的实践。也就是说，企业眼下自觉或不自觉地实施的管理变革，已经带有鲜明的量子管理的特征，却未能在理论上得到系统论证，亦即实践走在了理论前面！于东来就是一个最典型的例子。

假以时日，我们一定能够证明，在未来时代获得成功的企业，一定是得益于量子管理范式实施的企业，而胖东来应该是最早、最全面实施量子管理的典范。

胖东来，你要这么学：观察胖东来，学习胖东来的文化，学习其把企业当成员工的家、给予员工爱和自由、真正激发员工快乐工作的主体性和创造性的经验！

初版前言

1995年,我开始关注彼得·圣吉《第五项修炼》一书中的相关理论。其时,学习型组织在中国刚刚盛行,我和中国各类企业的深度接触也由此开启,因为学习型组织不仅是一种管理理论,也是一项企业实践活动,作为学者,我必须走出大学的象牙塔。

我与众多企业先后结缘。从规模上讲,有中国移动这样的大型央企,也有温州柳市前店后厂的家庭作坊;以地域而论,北至沈阳的沈飞,南至广州的滨适旺,西至新疆的特变电工,东至上海的诸多企业集团,我的足迹遍布塞北江南。

而最让我劳力费心去观察研究的有两家企业:德胜(苏州)洋楼有限公司与河南许昌胖东来商贸集团有限公司。改革开放以来,中国企业界提交的优秀样本难以计数,可谓百花争艳、百家齐鸣。但在我的心目中,德胜洋楼和胖东来却是这百花园中两朵珍贵的并蒂奇葩。

2008年7月11日,"郑州商战20年研讨会"在郑州举行。20世纪90年代中期,郑州亚细亚引爆的这场长达7年的中原商战,在全国都影响深远。研讨会邀请了河南省许多知名的商界专家,还有郑州市主要的商业巨头。

会上,与会嘉宾本应该围绕郑州商业展开碰撞交流,可很多嘉宾的发言却不时跑题——"四方联采""许昌胖东来""洛阳大张"这几个词频频出现,而作为四方联采核心人物的胖东来董事长于东来更是备受关注。四方联采的成员并未到场,却成为整场研讨会上被提及最多的企业,俨然成为会议的主题。

会后,记者兵分三路展开了一次计划外的采访行动。第一路直奔胖东来的大本营许昌,主要任务是采访四方联采的核心人物于东来。第二路前往新乡,探访胖东来走出许昌后如何与新乡商业大鳄短兵相接。第三路则赶赴洛阳,探秘四方联采中另一个重要角色洛阳大张。

一番明察暗访之后,三路外派记者返回郑州,大家一碰面都极为兴奋,当天晚上纷纷熬夜撰稿。2008年7月16日,《河南商报·经济蓝皮书》以5个整版,全方位报道了"四方联采"的传奇之路,引发了河南商界的普遍关注。

稿件见报第二天,河南省商业经济学会副会长史璞先生更是亲笔撰写了一篇题为《"四方联采"是场互敬互爱的对等婚姻》的评论文章，进一步分析了四方联采在河南取得成功的必然性及其现实意义。他认为四方联采现象是继"亚细亚现象"后，河南商界的又一创举——胖东来开始走出许昌和新乡，引领河南，惊动全国。

很多企业界人士不禁发问：胖东来到底是一家什么企业？

你稍加检索，就会知道胖东来成立于1995年，是一家集百货、超市、购物中心、影院、专卖店等业态为一体的商贸集团公司，涉及服饰、电器、珠宝、医药、食品、餐饮等诸多行业，经营区域仅限于河南省的许昌和新乡两市。与沃尔玛、家乐福等国际零售巨头相比，它微不足道。

可在低成本时代远去、利润增长速度放缓的今日，胖东来却屡创佳绩，实现了逆势上扬。而吸引公众围观的不仅是它的高人效、高坪效、高绩效，还有它一次次打破商业常规的诸多标新立异的举措，这些举措引发了企业界和管理学界的高度关注，揭秘性的文章也纷纷见诸报端。

事实上，胖东来从不隐藏自己，它以自己的文化为傲。

在企业宣传片《寻梦者说》中，于东来宣称："让我们共同来托起这种文化，让胖东来的文化像星星之火一样燎原，让这种文化来造福我们，造福更多的人，让更多的人理解这种文化,真正地提升整个社会的品质……"

胖东来把自己的《企业文化手册》和所有的规章制度、管理流程、岗位操作规范都公布在自己的官网上,供所有希望了解和学习胖东来的企业免费下载。这么做,其一,是相信自己确实做得还不错,有值得兄弟企业学习和借鉴之处;其二,是敢于面对在这种相互学习和交流之中所暴露出来的不足,相信自己有能力去改善和克服。

更令人惊叹的是,一些极其专业的《部门实操手册》,都是在胖东来人力资源部牵头后,由各个部门的行家里手逐条制定出来的。这些拥有充分自主权的人,很多是胖东来十年以上的资深员工,还有一些活跃在一线、表现优秀的"80后""90后"员工。

胖东来商场的门口明确注明了"欢迎拍照"。这一规定是对顾客说的,也是对同行说的。禁止拍照,防止同行窥探价格是零售业一项不成文的规定,甚至一度闹出互派商业间谍的笑话。"欢迎拍照"的牌匾无疑是对这个业界陈规的讽刺。

类似的为人们津津乐道的举措还有很多:给员工高薪,挑战行规、实行周二闭店,以"传播快乐"为经营宗旨,如果达不到理想的经营状态,连赚钱的店也要关掉……而这些举措背后的经营哲学却常常被误读。

光阴流转,2012年底,学习胖东来的风潮席卷了全国,由《中国商报·超市周刊》主办、河南胖东来商贸集团协办的"2012全国连锁商业总裁年会暨第十届中小连锁企业战略发展研讨会"在河南许昌召开。

与会人员签到的当天，雪花漫天飞舞，凛冽的北风掠过枯枝，呜呜作响。但阴冷的天气丝毫没有阻挡住零售人学习的激情，北到内蒙古、黑龙江，南至云南、广西，全国各地的零售企业负责人，在胖东来精神的感召下，汇集一堂，探寻中国零售业的"理想国"和企业经营的"命门"。

出于会议效果等多方面的考虑，主办方限定每家企业最多只有两个参会名额，可多次解释仍然无效。许多企业执意派来了十多人参会，并表示："如果没有座位，我们就站着听；如果进不去会场，我们就在外面旁听。"

2012年，《中国商报·超市周刊》、龙商网联合推出极具含金量的2012年度人物评选，在确定谁能当选的最后环节，有人质疑："为什么不是苏宁的张近东，而是许昌胖东来的于东来？""因为前者影响的是一家企业，而后者影响的是整个行业。"这是体现于东来何以获此殊荣的优势评断，却绝对不是一句空话。

现在，这种影响力正在日益显现。在许昌，有许多商家学习胖东来的经营理念，商业环境、服务质量大大改善；有多家企业学习胖东来开始设立每周的闭店日；更有甚者，2014

年春节,远在浙江杭州的银泰百货在除夕夜和大年初一选择闭店,让员工获得了一天半假期。更为可喜的是,越来越多的非零售类企业也开始向胖东来学习,这种跨行业的影响力逐步凸显,它正在影响中国各行各业的商业生态。

德胜洋楼和胖东来这两朵并蒂奇葩,多年来持续吸引着如此多的企业前往考察,原因何在?

说来很巧,德胜洋楼的聂圣哲和胖东来的于东来都出生在平民家庭。聂圣哲是出生于安徽休宁的农家子弟,于东来是河南许昌一户普通工人家庭的孩子。他们选择的人生道路可谓大相径庭,但如今各自在事业上都成绩骄人,对生活的感悟也境界不俗。

从历史上看,徽商素以"贾而好儒"著称,故徽商之家多抱持着"富而教不可缓也,徒积资财何益乎"的见识和态度,往往"延名师购书籍不惜多金",以督促子弟读书。古徽州人对知识的崇敬心态千载延续,长期浸淫于这样的文化氛围使得聂圣哲博闻强识,他坚信无论身处何种情境,多读几本书总是有用的。

1981年,聂圣哲怀揣着东拼西凑来的16元人民币和30斤全国粮票,挑着草席、铺盖,远赴四川求学。四川大学的校训是"海纳百川,有容乃大",大学4年不仅教会了聂圣哲扎实的专业知识,还给了这个青涩少年自由的思想空间。1985

年，川大毕业后，聂圣哲放弃了在南京大学读研的机会，先后在安徽大学和中国科技大学任教，后赴美国学习和工作了8年。这8年中，他游历了46个国家，拓展了视野，更重塑了自己的价值观和人生观。

聂圣哲的管理思想深受西方管理学影响，他站在巨人的肩膀上，结合中国的社会现状，凭借自身的聪明和睿智，形成了一套独特的管理思想体系。他所在的德胜公司是一家美国在华独资企业，专门从事美制木（钢）结构洋楼生产。在很大程度上，他的管理思想受到了美国人理性和实证精神的影响和冲击。这样一来，德胜的一切都是非典型的美国式。

于东来只上过7年学，自1979年辍学后就再没跨进校园。1981年，聂圣哲去上了大学，而15岁的于东来去了西安做建筑临时工。那时，他工作的环境极为艰苦，劳动时间长、强度大，社会地位也不高。两个月后，老板卷款跑了，于东来空手而归，分文未获。

1992年，聂圣哲作为海归回国创业，在海南建立德胜洋楼公司的时候，于东来刚刚在许昌的西大街开了家"瘦子店"，虽然员工只有六七个人，但也算踏上了尝试性的创业之路。

1995年，聂圣哲将德胜洋楼迁址到苏州工业园区，而于东来也在1995年3月12日正式成立了胖东来的前身——望月楼胖子店，营业面积40多平方米，带领3名同伴开始了他正式创业的旅程。如今，于东来将胖东来商贸集团经营得风生水起，成就了一方传奇，为世人瞩目。

聂圣哲和于东来，在20多年的创业过程中，经由不同的路径，最终却殊途同归，皆实现了价值观指引下的企业目标，也都成为中国企业争相效仿的楷模。我在想，相较之下，于东来更大的时代意义可能在于他更草根、更接地气。

中国的中小企业老板大多没有很高的学历。在创业初期，受到改变生存状态这一意志的强烈驱动，他们白手起家、吃苦耐劳、敢打敢拼，经过不懈的努力，硬是披荆斩棘地杀出一条血路来。但当企业逐渐做大，营收上了亿，员工过了百，他们不是越做越自信，而是越做越害怕——自己这么干行不行？靠不靠谱？符不符合西方管理理论？有没有科学依据？

他们越来越担心，总觉得自己的管理好像有毛病，于是四处听课、培训，有些人把余世维、李践、姜岚昕、刘一秒、翟鸿燊等老师的课听了个遍；有些人则找咨询公司把脉，倒腾一套工具方法，煞有介事地搞一搞内部整顿，最后上套管理系统。有时候，这么做花了大把冤枉钱不说，还把企业闹得乌烟瘴气、鸡飞狗跳。

其实，很多管理学者和咨询师从未经营过企业，甚至不了解真正的企业现状。他们并不能从根本上对症下药，常常比照西方的管理工具和方法照葫芦画瓢。实际上，西方的管理大师多是亲力亲为，在他们研究的企业里至少待上一年半载，甚至会长年担任企业的独立董事，参与企业的重大决策。

而于东来的出现，给我们带来了全新的思考角度和研究观感！于东来只上过7年学，此后也从未参加过各类总裁班、研修班，但是他"爱在胖东来"的大爱文化，已经彰显出巨大的能量：

他凝聚和培养出了一支快乐的、能干会玩的、充满敬业精神和具有高度专业能力的员工队伍；

他让他的顾客忠诚并信赖企业，如果胖东来店休，他们宁愿提前或推后购物时间，也不去别家商场、超市；

他的存在，使得许昌和新乡的商业生态发生了良性的变化；

他吸引着众多企业络绎不绝地前来学习考察，并一反同行间相互设防、彼此保密的陋习，不仅张贴"欢迎拍照"的告示，还把自己所有的心得、经验、制度等都毫无保留地公布出来。

他的努力和成就是有目共睹的，却不会给旁人留下"你学不会"的印象，因为大家都"脚碰脚、肩并肩"。他没有高学历，没有深厚的家庭背景，没有留过学，没有海外工作经历，也没有做过世界性考察，但是他成功了，我们为什么没成功呢？这样的思考很容易触动心灵、引发深刻反思。

时至今日,仍有许多企业老板盲目崇拜西方的管理理论、工具和方法。回顾往昔,看看中国成功的企业家走过的路,其实可以发现,他们之所以能做成企业,靠的往往是经营的直觉。工具和方法固然重要,用好了是可以锦上添花,但更重要的是要搞清楚自己面对的问题究竟是什么!

这么一想,于东来的价值就充分凸显出来:在经营和管理上他是自信的,他认为自己的商业智慧一定能驾驭各类问题,他在实践、探索、积累中不断成长;他好学,但绝对不道听途说,他探讨、考察、学习,然后结合经营中的实际问题去伪存真、消化吸收,绝不照搬照抄,从而形成自己独特的管理洞见;他对一些问题的理解和阐释极为深刻,一句"让员工成为完整意义上的人"区别于眼下人力资源理论界对员工本质的普遍界定。

于东来绝对是个有大无畏精神的实干家,他直面管理中的问题,逐一解决。他无数次在各种场合说"我就是个爱操心的人",把心"放"进去,把理"悟"出来。当然,这些都需要企业家具备一定的哲学意识和人文情怀,能够经常将心比心和反躬自问,同时还要有抽象出概念的能力。在这方面,于东来的天资很高,他似乎能洞察人性。相比之下,我们的企业家太需要在这方面补补课了。

法约尔、巴纳德这些西方管理学的奠基者都是凭借多年的实践经验"感觉"到管理的存在，再把它描述出来的。管理学实质上很难是一门绝对意义上的科学，因为其间的公理很少，经不起层层推理演绎，也很难进行重复的实证性检验——传播和传承的多半是常识，是正常人一想就能明白的简单事。

德鲁克说过一句让人印象深刻的话，他说："管理是一种实践，其本质不在于'知'而在于'行'；其验证不在于逻辑，而在于成果；其唯一权威就是成就。"

于东来虽然没有接受过系统的管理学教育，却用他漂亮的行为、思想和成就把管理学巨匠的这些宏论生动地呈现出来，引发无数中国企业家的深刻反思：老板的眼睛不要总看着别人，而是要望向自己；耳朵不要总听"大师"说，而是要倾听自己的内心，要像于东来那样，学会向自己学习、向内求，安静下来，因为"静而后能安，安而后能虑，虑而后能得"。

我们要直面问题，本能思考！

1
许昌出了个胖东来

▼

胖东来现象，妙就妙在小马胜大象，就如同餐饮业的海底捞——一盆小火锅，惊叹麦当劳。

▶ 历经多年风雨,如今名满全国的胖东来究竟经历了什么?它是如何千锤百炼,从一众不起眼的街头小店中脱颖而出,最终到达今天的成功巅峰的?让我们追踪它成长的足迹,逐一揭秘。

东来初长成

在百度搜索框中简单键入"胖东来"三个字,立即就会显示过百万条相关结果。而胖东来只是河南许昌——中国一个四线城市的区域性商贸企业,它的经营区域仅限于许昌和新乡两市。但是,每天来自各行各业的企业家和经营人员络绎不绝地前往胖东来考察学习,表明它不仅在商贸零售及商业连锁行业地位显赫,在非商贸行业也声名鹊起,不仅在河南省内颇具影响力,在其他地区的影响力也不可小觑,这种跨行业、跨地区的超强影响力日益显现。

台湾无线卫星电视台(或称 TVBS)和台湾《远见》杂志多次来电联系,希望能采访胖东来的董事长于东来。TVBS 是台湾第一家卫星电视台,经常专题报道两岸财经产业趋势、优秀企业和企业家。而创刊于 1986 年的《远见》杂志则是目前台湾最有影响力的财经月刊，每期发行量高达十万份。远在海峡对岸的媒体诚意采访，侧面反映出被采访对象的分量和地位。

有关胖东来和于东来的采访报道、经营管理解读在网上被四处转载、经久不衰——"胖东来，你也学不会""胖东来，你学得会"等各种见解可谓你方唱罢我登场，热闹非凡。

很多报道都提及："胖东来给员工发高薪，工资是当地平均水平的两倍多；胖东来给中高层管理人员每人配备一辆车、一幢别墅……"

很多观点都聚焦于"工资最高时，成本最低"，还一口咬定这是源于杰克·韦尔奇的高论。很多到胖东来参观学习的企业老板在被问及如何向胖东来学习时，十有八九都会说："一定要待员工好，回去就给员工加薪……"

对于网上的各种言论，于东来好像都不太认可，这些"解读"引发了于东来的诸多苦恼，他几乎要大声疾呼：**请关注我的哲学，而非经营。**"不断被误读，致使他逐渐拒绝接受采访，拒绝会见媒体。TVBS 曾通过国务院台湾事务办公室联系采访，结果也被他婉言谢绝了。

胖东来就像一棵幼小的树苗，风里雨里日渐参天，人们想知道它最终成材的原因是理所当然的。如果不是网上热议的那些，那么它成功的秘诀究竟是什么？行走在平坦的大道上是留不下明显的痕迹的，只有攀爬在泥泞的山路上才会印下深深的足迹。让我们先来看看于东来所踏上的这条坎坷的人生路。

英雄莫问出处

别让孩子输在起跑线上——这是当下在中国很流行的一种教育观。如果没有好的家庭背景，如果没能从幼儿园起就进入一流的学校，那么你家的孩子注定前途堪忧。如此危言耸听还嫌不够，培训"大师"又翻出许多成功人士的家底加以佐证："微软的比尔·盖茨，大家只知道他大学没毕业就创业了，但这可不能算个励志故事，你们不知道，比尔·盖茨的母亲是IBM（国际商业机器公司）的董事，帮助他获得了IBM的一个大订单，这才挖到了第一桶金。而巴菲特的老爸是美国国会议员，在巴菲特8岁的时候就带他去纽交所，结识了高盛的董事局主席……"

我可以斩钉截铁地说，于东来就没有任何"赢在起跑线上"的优势。没有显赫的家庭背景，他出生于河南许昌一个普通得不能再普通的工人家庭，他的父母在许昌毛笔厂工作时相识并结婚，育有4个孩子，于东来是家中的老幺。

于东来没有上过幼儿园，也没上过学前班，那时还不兴这些。家里人口多、负担重，父母得下力气干活，挣钱养家，无暇过多顾及孩子。虽然家境清贫，童年的于东来却像一棵野草，在阳光下自由自在、无拘无束地生长着。他曾在微博上晒了一张光屁股照片，说："看到这张照片，想起了儿时顽皮的自己，在小河中嬉水、捉鱼……快乐的童年！"

1972 年，6 岁的于东来上了小学。当时全国的大、中、小学仍然混沌一片。1977 年恢复高考，教育秩序才逐渐得以正常化，而于东来却在 1979 年辍学了。

回顾 7 年的校园生活，于东来自嘲说："7 年的学习时光中，我没有拿过一张奖状，那段美好的时光就这样被浪费掉了。"屈指算来，那时于东来只是个 13 岁的懵懂少年，而他的求学生涯就此告一段落。

这个在起跑线上没有任何优势的青涩少年，从 13 岁起就开始品尝人生的酸甜苦辣。用于东来自己的话说："我的人生磕磕绊绊，经历过很多曲折，称得上跌宕起伏，所以，我是个有故事的人。"而这些艰难困苦，很多都发生在他正式创业之前。

他曾驮着硕大的木头箱子骑行在田野阡陌之间，穿村走户地卖冰棍；他曾风餐露宿地在深山野岭中护矿；他曾在条件艰苦的建筑工地上干小工；他曾为能顶替父亲入职国企兴奋不已,可领导的更替让一切归零;他也曾因私自贩烟被抓而欠下巨款。

1995年,胖东来的前身——"望月楼胖子店"注册成立,于东来从此开始了他闯荡商海、所向披靡的精彩人生。但当时的他非但没有任何起跑优势,反而是负重起步,在创业之前的那段"跌宕起伏"中,他背负了30万元的外债。在20世纪90年代中期,对一个29岁的青年来说,30万元可不是一个小数字。但是他别无选择,于东来就这样绑着"沙袋",迈开了双腿。

好在人生不是百米短跑,而是一场马拉松,起跑并不重要,关键是看谁有耐力、谁懂取胜之道(怎样有效用力和发力)、最终谁能先撞线。

于东来可能并没有读过洛克菲勒的家书《起点不决定终点》,所以也没有聆听过这位20世纪亿万富翁的教诲:"我们的命运由我们的行动决定,而绝非完全由我们的出身决定。享有特权而无力量的人是废物,受过教育而无影响的人是一堆一文不值的垃圾。"

洛克菲勒是客观的,他并没用"心灵鸡汤"来励志,说一切都不重要,他承认家庭和背景的作用,所以他说:"我们这个世界就如同一座高山,当你的父母生活在山顶时,注定你不会生活在山脚;当你的父母生活在山脚时,注定你不会生活在山顶。在多数情况下，父母的位置决定了孩子的人生起点。但这并不意味着起点决定终点。在这个世界上，永远没有穷富世袭之说，也永远没有成败世袭之说，有的只是我奋斗我成功的真理。我坚信，我们的命运由我们的行动决定，而不是完全由我们的出身决定。"

英雄莫问出处，起点并不重要，于东来肯定也是这样认为的。他义无反顾地踏上赛道，开始他的人生长跑。

许昌胖东来，十年初长成

并无先发优势的于东来，和当时的创业者站在同一条起跑线上，或还稍有不及。望月楼胖子店开业时，他又向哥哥借了1万元负债经营，胖子店的营业面积仅40多平方米，身为下岗工人的于东来带领3名同伴开始了艰难的创业。

于东来的故事版本与20世纪90年代大多数的创业者十分相似，却又不尽相同。相似的是表面的致富经历，不同的是内在的思想体系。他的事业轨迹和管理风格，充分代表了草根企业家中的佼佼者从经验摸索到思想升华的历程。

现在反观于东来的成功之道，大概可以归结为：参透人性，洞若观火；天生奇才，直观敏锐；不疾不徐，踏实前行。

参透人性,洞若观火

说到于东来的成功,第一条就是"参透人性,洞若观火",这是典型的"非商业思维"。他把"人性"看成管理的本质,于东来没有太多文化,却把"以人为本"这一最朴素的管理哲学演绎得淋漓尽致。

在他看来,管理就是如何更好地调动员工的积极性。谈到创业初期,于东来说:"这个阶段,我们是怎么对待员工的呢?当时我们用了大概10个人,市场上,员工一个月的工资在200元左右,但是我的员工一个月工资是1 000元,吃住都在店里,而且吃得很好,有肉有鱼,住得也挺好。过年时我们还给各家送年货,反正不让员工有后顾之忧。每个员工年终能往家里拿1万多元,照这样算,三年能存下3万多元,在当地就能盖上几间房和一个像样的小院了。"当他掏心掏肺地对员工好的时候,这种人性的力量给予他巨大的回馈。胖东来在逐步发展壮大的过程中,始终遵循此道。

而在经营层面,于东来对人性的理解就体现在**"以真品换真心"**上。有人问及生意红火的原因,于东来特别朴素地回答:"靠着真诚对待顾客,灵活经营,质量有保证,不欺骗顾客,价格又低,不知不觉,生意就特别地红火起来了。"

虽说这种理念尽人皆知,但真正能做到的寥寥无几,于东来却能义无反顾地一路坚持下来。**当"爱"成为一种商业模**

式时,企业便所向无敌了。

多年来,我们一直崇尚西方的管理思维。二八法则、六西格玛定理等这些西方工业文明的产物,追求效率和利益至上,从而忽略了人性层面的东西。于东来却反其道而行之,从人性管理出发,提倡真、善、美。这种以人性为驱动的管理理念,对其他中国零售企业有着极大的借鉴意义——经营"心"者得天下!

那些正困惑于该采用怎样的商业模式才能持续发展的企业家,不妨借鉴一下于东来的"爱心模式"。

天生奇才,直观敏锐

人是有先天禀赋的,对于这一点,无论是科学理论还是生活常识都无法否认。那么,对于东来而言,他就是个天生的"商业奇才",无师自通,深谙经商之道。

经营奇才——四方联采成员之一的河南洛阳大张实业有限公司董事长张国贤也用这四字来评价于东来。

"许多人说于东来是中国零售业中的'鬼才',而我则说,他就是为零售而生的人——用'好玩儿'的随意之态经营着零售商业,'玩'出来的商业才华来自天赋!"上海连锁经营研究所所长顾国建对于东来赞不绝口。

于东来的商业天赋表现在对商业发展态势的直观和敏锐

上。20世纪90年代以前,中国零售市场长期保持着百货商店一统天下的单一格局,其市场份额占60%以上。1992年以后,随着改革开放力度的加大,消费者需求的变化和零售市场竞争的加剧,大型综合超市、超级市场、便利店、专业店、专卖店、量贩店、家居中心、仓储商场等新型零售业态飞速发展,成为中国零售业规模扩大的主要动力。中国零售业用10年的时间走完了国外零售业150年的商业历程,西方发达国家历经8次零售业革命才形成的20余种业态在中国悉数出现。

于东来神奇的商业天赋,表现在他几乎踩准了每种新业态发展的最佳时机。

超市作为一种经营业态,诞生于20世纪的美国。1990年,广东东莞虎门镇诞生了我国第一家超市——美佳超级市场,随后,国内的超市如雨后春笋般四处涌现。1996年之后,家乐福、沃尔玛等一批世界级大型超市相继进入中国。与此同时,各地纷纷出现区域性的单体或连锁超市,如上海华联、武汉中百超市等。

许昌的超市业态萌芽于1995年。在河南省内的地级市中,许昌和南阳较早引入了超市业态,本土超市的发展态势很好。

1997年10月1日,胖东来第一个分店——五一路分店开业,营业面积约70平方米,员工约14人。自此,胖东来也进入了超市业态。胖东来人民店、许扶店、新兴店、健康店、毓秀店、新许店、劳动店、建安店先后开业。开店速度不慢,更难得的是开一个火一个,效益出奇地好。

1999年5月1日,胖东来综合量贩店开业,于东来第一次把"量贩"这种业态引入许昌。1999年9月19日,胖东来第一家专业量贩店——名牌服饰量贩店开业,并在客户服务上再上新台阶,推出"免费干洗、熨烫、缝边"等超值服务项目。1999年12月25日,胖东来鞋业量贩店开业。2000年4月18日,胖东来电器量贩店开业,凭借1 800平方米的营业面积成为当时豫南地区最大的电器商场。

于东来不仅引入量贩业态(包括综合量贩和专业量贩),量贩品类也在逐步扩展延伸,他开始布局专业商场。2002年9月19日,胖东来服饰鞋业大楼开业,营业面积达8 000平方米,是许昌最大的服饰鞋类专业商场。2002年12月6日,胖东来通讯城开业。2003年12月19日,胖东来高档服饰城开业。2004年7月3日,禹州电器城开业。2005年9月9日,胖东来珠宝城开业。

其实,最值得浓墨重彩描绘一番的是胖东来商贸集团的第一家集购物、休闲、餐饮、娱乐于一体的旗舰店——胖东来生活广场,它于2002年1月1日开业,营业面积达2.3万平方米,是许昌当时最大的综合商场。

胖东来生活广场一经开张,全城瞩目。富丽堂皇的现代化购物环境,舒心熨帖的优质服务,琳琅满目、时尚典雅的丰富商品,让大家顿觉耳目一新。胖东来用全新的经营理念和商品结构,为企业树立了与众不同的良好形象,为许昌商业带来了革命性的转变。一时间,许昌各界热议纷纷,大小商超追逐效仿胖东来之风日渐盛行。

生活广场的开业让许昌市民感受到了购物的乐趣,激发了他们强烈的消费欲望,人们第一次感受到商品原来是如此充满诱惑。不知从何时开始,在当地的五县(市)一区,大人孩子在购物休闲时已经首选胖东来了,甚至还有从省会郑州慕名而来的顾客。

至此,于东来已经试遍各种业态,初步完成了从街头巷尾的杂货小店到现代化商贸集团的华丽转身。

不疾不徐,踏实前行

当地人说,在许昌坐上一辆起步价 3 元钱的黄面的(出租车),只需花上 20 元就可绕许昌城一周。就在这个弹丸之地,几年间出现了七八个连锁超市品牌,它们和胖东来同时崛起。在稍成气候之后,基于零售业所谓的发展规则——向连锁和规模要效益,它们中有的选择继续留在本土发展,有的上了省城，也有的下了乡村，还有的涉足其他省份。

这些超市的经营者可能做梦也没有想到，短短三四年后他们就被于东来远远甩在身后，有的人已经在"规模连锁"的道路上越走越远、回不了头。

虽然胖东来一路发展得顺风顺水，但是于东来的头脑是冷静和清醒的。在"连锁"和"规模"的选择上，他摒弃了追求规模、快速扩张的冲动，选择了"**静练内功、稳步发展**"的道路。

一路稳扎稳打走来，于东来的企业策略基本上是固守一域、造福一方。在他看来，企业不应以规模大小来衡量，而应以质量和内涵来评判——这些理念一直延续至今，还将影响他今后的战略决策。

美国诗人罗伯特·弗罗斯特在他那首著名的《未选择的路》中这样写道："也许若干年后在某个地方，我将轻声叹息将往事回顾，一片树林分出两条路，而我选择了人迹罕至的那条路，人生从此不同。"

于东来选择的路也许很多人至今尚未看懂。智者弈棋，跳马过河，套路都是通用的，只是不同的对弈者有不同的理念、不同的心智、不同的战略眼光和战术运用手法。一场战役，成败取决于指挥官，挥手之间，高下立现。

胖东来数年来潜心修炼，精心培育许昌市内的十多家中小规模超市，不骄不躁，坚持静心打造、细节管理、夯实基础，也获得了丰厚的回报。

十多年间，于东来所确定的战略发展思路明晰、科学，就是以许昌为中心，正视许昌市场，重视许昌市场，夯实许昌市场，稳固盘踞许昌市场，决不轻易无把握地迈出域外一步。这一切并非保守，而是于东来为宏大的战略发展愿景积累资源、磨炼利器的战术手段。

在竞争激烈的商业大潮中，许昌商业资格最老的百货大楼举步维艰，投资最大的人民商场难以为继，规模最大的七一商场濒临倒闭，年纪最轻的莲城商厦门可罗雀，而于东来创办的胖东来却覆盖面越来越广。生意越做越红火的胖东来具备了跨地域发展的一切条件，势不可当！

新乡鏖战急

十年磨一剑，胖东来应该是这句话最生动的例证之一。

1995年从望月楼胖子店起步，胖东来一直从容、平淡地经营，日出迎客，日落打烊。但你若有心细瞧，就会发现这家店面每天的变化积微成著，它的商品和服务也在一步步地加深人们对这个普通零售企业的理解和记忆。即便是日后粗具规模、资金雄厚之时，胖东来也没有急速扩张的冲动，依然是气定神闲地逐步发展。

经过十年的潜心布局，胖东来在许昌站稳了脚跟。无论是比较企业绩效、市场占有率，还是评估业态分布、顾客美誉度，它在许昌都已难逢对手。

更重要的是，胖东来非常注重修炼"**内功**"。如果说1995—2000年的胖东来尚处于初创期，那么2000—2005年日臻成熟的胖东来在内部管理的各个方面都取得了重大突破：

（1）完成股份制改革；

（2）确立"文化强企"的战略思想；

（3）开通官方网站，传播公司文化；

（4）以为顾客提供超值服务为宗旨，推出多项贴心的免费服务政策；

（5）成立胖东来客诉服务中心，开通免费客服电话，设立服务投诉奖，完善顾客监督体制，内部制度、外部监督两手抓，提高客户服务质量；

（6）《胖东来人》创刊，加强内外宣传和企业文化传播；

（7）集团公司提出新的企业发展目标——要成为"世界的品牌、文明的使者"，企业愿景经多次提升，力求达到世界水准。

这些举措在当时的商业零售行业中是非常领先的。于东来以许昌为实践基地，为他宏大的商业战略和发展愿景沉淀思想、积累资源。在历经多年的谨慎调研和精心筹备后，2005年，于东来开始了他跨地域经营的尝试——征战新乡。

零售企业首次跨区域出征，一定会面临极大的挑战：进入新区域要建立和维护全新的供应商和政府关系，还得与当地盘踞多年的零售企业正面对决。跨区域扩张不仅需要成熟的管理运营经验，更需要二次创业般的勇气。

此次出征考验接踵而来，胖东来要如何沉着应战？

新乡激烈的竞争环境

《孙子兵法·谋攻篇》有云："知彼知己，百战不殆。"征战新乡，胖东来面对的是和许昌完全不同的商业竞争格局。

素有"豫北明珠"之称的新乡市地处中原腹地，是河南省的第三大城市，历史上曾是平原省（1952年撤销建制）的省会，所以它的零售业远比许昌成熟、丰富。

彼时的许昌市市辖面积约5 260平方千米，建成区面积约80平方千米，总人口约500万，市区人口50万左右；而新乡市市辖面积8 269平方千米，建成区面积114平方千米，总人口约600万，市区人口在120万上下。

胖东来悄然成长的十年间，尚无国内外的商业巨头踏足许昌。直至 2014 年,许昌的繁华商业区也仅在建设路和因胖东来时代广场建成后人气聚拢的七一路一带,人气较高的购物中心仍然屈指可数。

而在胖东来入驻新乡前,该市著名的商业街就有平原路、步行街等,其中平原路更被称为"新乡的王府井",可见其商业地段之重要。以平原路西段为例,它的总长不过 1.5 千米,沿街却云集着近 25 家营业面积超过 5 000 平方米的大型商场,总营业面积达 70 万平方米。按 2005 年新乡市 90 万市区人口计算,彼时该市每千人所配套的商场面积为 342 平方米。而欧洲发达国家认为,这一数据在 35 平方米左右最为适宜,新乡市为每千人配套的大型商场面积是国际标准的近 10 倍!"新乡市商场密度之大在全国都罕见",新乡市百货大楼一位经理如此评价。

商场数量多、密度高还只是一方面,更为致命的是,这些商场定位差别不大,经营方式和品类高度重复。当时,新乡市的商场均为大型综合类百货零售商,商品定位多为大众品牌,大部分顾客都表示:"这些商场大同小异,逛了一家就懒得逛其他家了。"

这样的竞争环境催生了商场之间的恶性竞争,新乡某商场一位不愿透露姓名的经理说:"打价格战是当地商家唯一的选择。"他认为,由于没有通过错位经营实现合理竞争,当地商场只能借助打折降价、频繁促销等短期优惠吸引顾客。但即使这样，各商场也很难拥有稳定的忠实顾客群。因为一些商场为了在恶劣的竞争环境中存活下去，还会有虚报价格等欺诈行为。

业态上的盲目跟风，直接引发了顾客群的分流和商场营业状况的恶化。据了解，当时新乡市的大部分商场都处于亏损状态，其中有6家商场已严重资不抵债。

这就是胖东来入驻前新乡市整体的商业环境，可以说很不理想。

强敌环伺，谋定而动

因其在河南行政、经济上的重要位置，新乡市一直被投资商认定为"最佳投资地区"，它也成了各零售业大鳄"北伐"路上的必取要塞。不仅新乡本土商企搏杀日趋白热化，国内外的商业巨头也在虎视眈眈地布局新乡。

2002年，丹尼斯百货入驻新乡；2004年，世纪联华超市在新乡开了近2万平方米营业面积的卖场，更有沃尔玛、大商等都在"拓疆"进程中。

丹尼斯和世纪联华在体量、布局、品牌知名度上都远胜胖东来，正面交锋可是不容小觑。

丹尼斯百货

丹尼斯百货是台湾东裕集团麾下一家集百货、大卖场、便利店与物流中心等业态为一体的零售集团,也是当时国务院在全国范围内选定的两家台商百货零售试点之一。河南首家丹尼斯百货于1995年正式筹建,1997年11月16日在郑州开业。1998年6月27日,丹尼斯在郑州市的第一家量贩店开业,开创了百货与量贩错位经营的多元模式。此后一路高歌猛进,以郑州为核心,辐射河南全省,陆续在洛阳、安阳、新乡、南阳、商丘、平顶山、焦作、漯河、济源等地扩大商业版图。

2002年6月,当时的河南商业老大、年销售额过百亿的丹尼斯百货进驻新乡。开业之初,丹尼斯曾以其质优价廉、商品齐全赢得新乡市民的喜爱,风头很盛,毕竟"河南商业老大"的称号并非浪得虚名。

世纪联华超市

丹尼斯在新乡感受到的第一波冲击,就来自世纪联华。

世纪联华品牌属于上海百联集团旗下的联华超市股份有限公司。该公司于1991年起在上海开展业务,二十多年间,以直接经营、加盟经营和并购方式发展成为一家网点遍布全国、业态极为丰富的零售连锁超市企业。集团经营大型综合超市、标准超市及便利店三大零售业态,三大业态分别通过"世纪联华""联华超市""华联超市""快客便利"品牌不断扩张。世纪联华便是其中的优秀品牌之一,属于大型综合超市业态。

2002年10月,中国零售业航母百联集团出资60%,当时的金博大购物中心有限公司出资40%,共同成立了河南世纪联华超市有限公司。河南世纪联华充分发挥上海百联的管理优势和本地的经营特点,迅速成为河南消费者购物首选的大卖场。

河南世纪联华出征新乡首战告捷,世纪联华新乡店成为河南世纪联华除省会郑州外的唯一外埠店。

2004年9月26日,世纪联华新乡店正式开业迎宾。它有着让人羡慕的先天条件:2.6万多平方米的建筑面积,1.8万多平方米的营业面积,2.8万多种琳琅满目的商品,再加上诱人的巨型停车场。一时间,世纪联华成了新乡市规模空前的专业大卖场。

开业仅3个月,世纪联华便在新乡市站稳脚跟,创造了新乡市零售业的奇迹。2005年更是一飞冲天,大卖场单店全年销售1.03亿元,进一步提升了它在新乡的市场占有率。在2005年的年终表彰会上,世纪联华新乡店被河南总部授予最特别门店奖。

需要注意的是,世纪联华新乡店对2005年的销售额原本预计只有7 800万元。正是这1.03亿元,让人们见识了世纪联华的实力和潜力，也都仿佛看见了它光明的未来。

其时，丹尼斯已辉煌不再。生意最好时，世纪联华新乡店的销售收入是丹尼斯新乡店的两倍。

新乡初战告捷

正当人们期待着世纪联华飞得更高更远时，它却从云端坠了下来，这让人目瞪口呆。2005年12月26日，新乡的胖东来百货甫一开业，世纪联华的辉煌便戛然而止。

其实，当时胖东来入驻新乡并不被看好。原因有三：一是外来区域性商家杀入竞争白热化到胶着状态的新乡，前途难卜；二是入驻的地点正好被丹尼斯、世纪联华和筹建中的沃尔玛三方夹击，形势险峻；三是胖东来百货在新乡的选址不在繁华的商业圈，而是一片未经开垦的处女地，人气不旺。

但于东来很有信心，力排众议进军新乡。2005年8月，胖东来团队开始进场。当时主体工程还没完工，听说胖东来计划当年12月开业，随行来查看现场的品牌商户都直言"绝对不可能"。但经过一番紧锣密鼓赶工期，到了12月，新乡胖东来百货果真开业了，这就是胖东来的效率和执行力！

胖东来在进驻新乡之初，就带着先声夺人之势，它推出的免费停车、免费修改衣服、免费清洗皮衣皮包、免费代煎中药、无理由退货等服务,在新乡商界激起了一阵拼服务的竞争热潮。依靠自己的独特口碑,胖东来百货在新乡市迅速发展,它开业后没多久,整个平原路的消费中心居然东移了。很快,这匹黑马便一跃坐上了新乡零售业的头把交椅,世纪联华和丹尼斯则先后出局。

丹尼斯暂停营业,搬迁到离胖东来较远的地方。在胖东来初入新乡时,世纪联华根本没将其放在眼里,但恰恰是这个杂牌军将世纪联华从新乡零售业老大的位置上拉下来。在与胖东来摩擦碰撞出激烈的火花后,新乡世纪联华于2007年1月轰然倒塌,它原本令人眼馋的营业场地被胖东来全盘接收,并被改造成胖东来在新乡的第二家店——胖东来生活广场。沃尔玛则是筹备多年,2010年10月才正式营业。

新乡本地大佬平原商场和新乡百货大楼显然也受到了很大的冲击,从原先的熙熙攘攘逐渐冷清到门可罗雀。百货大楼、平原商场自诩"老字号、童叟无欺",已经在这里矗立了几十年,但很多顾客在这里已经很难体会到购物的快乐。胖东来的到来犹如黑夜里的一道闪电,撕扯开多年来由少数商家一统市场的格局,老百姓体验到了全新的购物方式,享受到了从未有过的方便与实惠,在这里,人人都是上帝。

"人气比从前差多了",一位百货大楼的供货商深有感触。以前他在百货大楼外场做促销时,一天的销售额在2 000元至

3 000 元，而"现在一天也就 500 多元，生意差远了"。

胖东来新乡亮剑，刚小试身手便初战告捷，独挑众多国内外商业巨头，辉煌战绩引来了新乡市民的齐声喝彩。胖东来的入驻也使得新乡的商业版图开始了优胜劣汰的洗牌。这是胖东来第一次走出许昌，向更多的河南民众展示自己。

续写 9 年辉煌

商场如战场，不能以一战一役论胜负，但 9 年过去了，胖东来却始终傲视群雄，稳坐新乡零售业的头把交椅。其间，它又经历了怎样的暴风骤雨呢？

丹尼斯卷土重来

新乡市的商战并没有因世纪联华的败走和丹尼斯的迁址而消停，反倒愈演愈烈。

丹尼斯首战失利后不甘认输，2008 年 12 月 4 日，丹尼斯百货新乡店再度开业，而且选址距胖东来不到 200 米，剑指胖东来的意图十分明显。此番重装上阵，自然极为在意。丹尼斯百货总经理蔡英德称，当时郑州丹尼斯大卖场的采购人员纷纷赶赴新乡支援，对新乡市场的重视程度不言而喻。对丹尼斯来说，此次复出，除了应对新老对手，最重要的就是收复失地，重新树立起它在新乡市民心中的品牌形象。

然而，卷土重来并未能重铸辉煌，甚至几个月后，丹尼斯被传再度重整歇业，等到人们关注到它时，丹尼斯百货的1~4层已经人去楼空……

世纪联华壮士断腕

世纪联华撤出新乡后再未"北上"，这体现了世纪联华的战略调整。新帅崔涛上任以后，表示要收缩战线，专攻郑州，在把郑州市场真正做大做强之后，再考虑进军其他城市。当时的总经理杨旭东曾透露，除已有的4家店面，将在郑州电视台附近自建第五家店，另外还有三个很好的新店选址。果然，2008年4月10日，河南世纪联华的第五家店——长江路店开业。

2012年下半年，河南世纪联华超市冉屯路店、锦艺店相继开业，其中冉屯路店营业面积达1.6万平方米，锦艺店营业面积也超1万平方米。

在郑州，世纪联华经营得风生水起，为何却在新乡与胖东来的短兵相接中溃败，不是很值得深思吗？

群雄激战新乡

虽然丹尼斯和世纪联华2007年皆在新乡市场折戟沉沙，但国内外商业巨头进军新乡的计划并未因此止步。

2008年12月22日,大商集团旗下新乡千盛百货开业;

2009年1月15日,新乡大商新玛特超市开业;

2009年9月26日,新乡新玛特购物广场总店开业;

2010年10月30日,沃尔玛筹备多年终于开业;

……

群雄争霸,至2013年的战绩可参见表1。

表1　2013年新乡地区商业企业销售收入对比

序号	企业名称	面积(m²)	业态	市场占比(%)
1	新乡市胖东来百货有限公司	42 000	百货零售	38.84
2	新乡市胖东来生活广场有限公司	26 000	超级市场零售	17.35
3	大商集团(新乡)新玛特购物广场有限公司	68 000	百货零售	16.06
4	新乡市百货大楼有限责任公司	40 000	百货零售	9.50
5	新乡市平原商场有限责任公司	60 000	百货零售	6.75
6	永辉超市河南有限公司新乡新一街宝龙城市广场分公司	10 000	超级市场零售	4.74
7	郑州悦家商业有限公司新乡平原路店(家乐福)	20 000	超级市场零售	2.78
8	沃尔玛(河南)百货有限公司新乡人民中路分店	30 000	超级市场零售	2.60
9	郑州丹尼斯百货有限公司新乡平原分公司	30 000	百货零售	1.38

胖东来独占鳌头，两家门店一共占据了新乡零售业56.19%的市场份额。胜负一目了然！

胖东来完胜群雄，值得我们追问的是：究竟什么才是胖东来的核心竞争力？究竟应该向胖东来、于东来学习什么？胖东来10年练就的制胜秘诀又是什么？

新乡胖东来要撤店？

新乡胖东来撤店是理解胖东来文化绕不开的话题，因为此一消息并非空穴来风，而是于东来在2013年4月30日亲自在微博上发布的。

此条微博一发，舆论顿时一片哗然，有猜测原因的，有难舍挽留的，有为新乡胖东来员工愤愤不平的……

见此条消息掀起如此的热议狂潮，于东来接连在微博上发了几条说明，解释这属于"公司内部的战略调整"，因为新乡胖东来尚不能达到公司所期望的标准。

其间，诸多顾客在各种渠道发出"新乡胖东来不能关"的挽留之声，还向新乡市政府表达了他们的强烈愿望，希望能留住胖东来。一家企业的去留竟然能引发当地如此强烈的社会反响，在零售业界实属罕见。2013年10月22日，胖东来在新乡体育场举办"这八年，我们一起走过"大型文艺晚会时，新乡市四套班子（市政府、市委、人大、政协）领导悉数到会，向胖东来表达了挽留之情，这可是绝无仅有的。

新乡胖东来的命运还要靠全体员工来逆转，只有把新乡胖东来经营得更好，为新乡消费者提供更高质量的服务，才能把胖东来留在新乡。

许昌对决

2005年，捷报频传，出征新乡的胖东来仅用时一年多就稳稳占据了新乡零售商贸龙头老大的位置，难以被撼动。

此后，胖东来在发源地许昌陆续建成胖东来西大街便利01店、胖东来六一店、胖东来珠宝城、胖东来家居馆、胖东来电器城、胖东来羽绒服饰城……

2006年11月，胖东来成为国际独立零售商联盟（IGA）的新成员。此举在胖东来的发展史上值得浓墨重彩地记上一笔，因为它不仅表明胖东来在管理上正式和国际接轨，而且于东来因此和当时IGA中国区总裁叶毓政先生成为密友，从企业经营思想到个人价值观都受到其较深的影响。外界都很好奇，于东来作为一个本土草根企业家，为何如此偏好现代价值观，这也许就是原因之一。

2009年4月25日,许昌的胖东来时代广场盛大开业,建筑面积8万平方米,营业面积3.5万平方米。时代广场是胖东来根据自身的企业文化理念及经营战略,自行设计、施工、装修的首个大型项目,体现出胖东来国际化的战略思想。

至此,胖东来的商业版图和经营绩效已连续跨越了数个台阶,整体实力与2005年进军新乡时已不可同日而语。

大本营硝烟再起

丹尼斯在与胖东来的新乡对决中败下阵来。2010年丹尼斯进军许昌,直取胖东来大本营,希望在此次交锋中能够一雪前耻。一个是过江龙,一个是坐地虎,二者的对决引发了各界的高度关注。

2010年,在许昌火车站商圈,一场声势浩大的商战拉开了帷幕。交战双方一个是许昌本土商业巨头许昌胖东来商贸集团,一个是来自郑州的河南零售大鳄郑州丹尼斯百货有限公司。有趣的是,两者为近邻,隔街默默相望。

开战的号声未响,空气中就已经弥漫着浓浓的火药味。胖东来生活广场对面的工地上圈起了一道围墙,围墙内塔吊高耸,混凝土搅拌机轰鸣不止,围墙上赫然两行大字——三鼎丹尼斯商务广场,12万平方米商务综合体即将耀世登场。

三鼎丹尼斯国际商务广场,是台资企业郑州丹尼斯百货有限公司与许昌三鼎公司合作建设的大型商务广场。地上27层,地下2层,建筑面积为11.63万平方米,总投资2.6亿元人民币。其中1至5层租给了郑州丹尼斯百货有限公司,建筑面积为5.6万平方米,6至27层为公寓住宅和写字楼。

许昌胖东来生活广场的营业面积为2.3万平方米,集购物、休闲、餐饮、娱乐为一体。许昌胖东来时代广场建筑面积近8万平方米,营业面积为3.5万平方米。就单体面积而言,丹尼斯百货比胖东来生活广场大,又小于胖东来时代广场。

被问及丹尼斯落户许昌的感想时,许昌胖东来商贸集团的刘女士曾平静地说:"我们会向丹尼斯学习好的经营思路和营销手段,提高自己。"

当时,许昌的大型购物中心主要是胖东来时代广场、生活广场和被大商新玛特收购的鸿宝百货。其他外来商业企业不多,一是因为繁华地段几乎全部被当地连锁企业密集布点,外来商家难以找到理想的立足之地;二是因为这里是胖东来商贸集团的大本营,有超市、购物中心、专卖店、便利店等多种业态,胖东来在当地有20多家店,获得的认可度很高,非常强势,外地商企不免心存顾虑。但是,丹尼斯深耕河南、向三、四线城市扩张的步伐只要不停,许昌就一定不容错失。

一场激战看来难以避免。丹尼斯与胖东来在新乡的高手过招,想必大家仍记忆犹新。如今,丹尼斯转战许昌,选址在胖东来生活广场对面,在众人眼里这无异于直捣对方"老巢",挑战的意味很浓。

丹尼斯摩拳擦掌,来势汹汹,胖东来却按兵不动,静观其变。一家为开疆拓土,一家要捍卫领地,所以这场仗的双方必定会用尽十二分的力气,人们都相信这场商战会异常精彩。二度交战,究竟鹿死谁手?

结局却令人大跌眼镜。当决战的炮声打响的时候,矗立在对面战壕里的居然不是丹尼斯,而是另一家国内零售巨头——大商新玛特。

如此黑云压城城欲摧的阵势,最后却只闻雷声不见雨点。丹尼斯为何最终没有正面对决就匆匆撤兵,给人们留下了重重疑云。

胖东来与大商新玛特短兵相接

丹尼斯悄然隐退,挺身接盘的大商集团并非等闲之辈。

1993年发源于大连青泥洼的大商集团,以创建享誉世界的大公司为理想,以"无限发展、无微不至"为理念,通过上市融资、组建集团、合资合作、异地扩张、业态创新等方法和步骤,推动企业快速健康发展。此时已实现了它"大连第一、东北第一、全国一流、世界轻量级、世界中量级"五阶段发展战略中的前三个阶段,正在向第四阶段迈进。

作为当时中国最大的零售类集团之一,大商在业内声名显赫。它在中国500强企业中排名第86位,拥有200多家大中型门店,网络遍布14个省70多个城市,2011年销售额突破1 000亿元,成为中国百货商业第一个千亿级大公司;2013年销售收入1 500亿元,跻身全国商贸百强企业之首。大商集团也位列"中国消费者十大满意品牌",荣登"全国商业质量管理奖"三甲榜,被多家媒体和多位业界专家称为"中国零售业最具发展实力的无敌军团"。

在许昌,大商亦有不俗的战绩。

易如探囊,大商12天闪电并购鸿宝百货

2011年的许昌共有5个商圈,但其中3个都是未成熟的次商圈,只有春秋广场和火车站这两大购物密集地还算名副其实。火车站商圈以胖东来生活广场为主力,春秋广场的主角则是有着12年发展历史的鸿宝百货。

在业内人士看来,春秋广场商圈的档次最高,鸿宝百货拥有300多个品牌专柜,更是汇聚了兰蔻、巴黎欧莱雅、欧米茄、威可多、金利来、皮尔卡丹、哥弟等一大批知名品牌。鸿宝百货凭借自身的招商与经营实力,在当地零售市场取得不

俗的业绩，成为豫南城市中为数不多的精品百货店，在业界堪称"豫南第一百货店"。

大商集团郑州地区集团总裁皇甫立志认为，鸿宝百货的销售业绩和市场表现皆让人感觉不可想象。他说，鸿宝百货做过一次夜场活动，从晚上7点半到次日凌晨2点，短短6个多小时，该商场实现营收500多万元。"无论人气还是客流，都非常棒，单平方米顾客密度可与郑州最好的商场相媲美。"皇甫立志毫不掩饰自己对鸿宝百货的喜爱之情。

对于大商对鸿宝百货的收购，皇甫立志用了"一拍即合"四个字："只谈了一次，双方就签约了。"大商河南分公司的有关人士认为，2008年，从8月19日签约到9月1日进驻，一共12天，这是大商集团在河南开店速度最快的一次。

布局许昌，大商另有所图

丹尼斯悄然隐退，大商集团慨然接盘，但此举醉翁之意不在酒。大商集团如此排兵布阵是要为其在华中区域的长线战略谋篇布局。

许昌虽然不是河南省数一数二的经济大市，但商业环境不比郑州、洛阳逊色。四方联采的老大——胖东来的根据地就在许昌火车站商圈，它曾让很多国内外零售商企望而却步。在大商集团眼里，胖东来是个桥头堡，只有与其一决雌雄，分出胜负，才能在华中区域的二、三线城市站稳脚跟，开疆拓土。

三鼎国际商务广场竣工，大商集团与胖东来的前哨战即将打响，又一次山雨欲来风满楼。

王不见王，对决好戏要上演

此次领重兵进军许昌的是大商新玛特郑州地区集团副总裁孙亚杰。不走寻常路的孙亚杰，和同样不按常理出牌的于东来，两大商界牛人聚首许昌，会上演一台怎样的精彩好戏？

大商新玛特的许昌总店紧锣密鼓地筹备着。大商集团举行的店长会上，孙亚杰放出豪言："你们看着吧，我老孙来了，一定会有一场好戏上演。"而跟随孙亚杰到许昌总店参与筹备的人员，基本上都是大商新玛特总店的精英。经由前期一系列漂亮、利落的大动作，大商新玛特许昌总店给市民和同行都留下了极为深刻的印象。虽然还未正式开业，但"大商新玛特许昌总店"的名号早已街知巷闻。

打造一个5万平方米的标准式百货商场至少需要一年时间，但大商新玛特许昌总店的筹备只用了6个月！

大商新玛特在1个月内完成了2000余名员工的招聘，携手供应商、兄弟店铺用三天三夜的拓展训练打造了一支钢铁团队；2个月内完成了对近400家国内外知名品牌的招商工作，使得大量的国内一线品牌成功入驻；3个月内搭建完成了与各领域巨头的联盟；4个月内完成了商场的全部装修。仅历时半年，大商新玛特就完成了地下2层、地上5层共5万平方米标准式时尚百货商场的筹建工作。未开业柜位就已竞拍，未开业就已开办大型特卖会，未开业就已售出近3 000万元的购物卡……

该店的筹备历程，被业界称为"许昌速度"。

牛人遭遇战，冰火两重天

"大商进入许昌，那就是老孙遭遇于东来，就有一场硬仗要打，要是换成其他人就没啥意思了。现在我们俩碰到一起了。我的思路很清晰，超市是胖东来的核心竞争力，而我们不仅有超市，还有郑州总店的经验，相信肯定会有一场好戏。"孙亚杰慷慨激昂，毫不隐瞒自己直指于东来的雄心。

孙亚杰可不是等闲之辈，当年在大商郑州总店开业第一年的困难时期，他推出了各种另类促销，硬是把3年的养店期缩短到了一年多，把郑州总店推到了郑州百货业的一线队伍中。

孙亚杰坦言，胖东来是大商集团在河南除丹尼斯外遇到的另一个很强劲的对手，与丹尼斯经过几个回合的交手，已经相互了解。他说："我相信于东来现在也是思绪万千，肯定早就开始考虑了。"

而相较于孙亚杰的豪情万丈，于东来却气定神闲，未见有应战大商的只言片语。胖东来表现得十分低调，大敌当前，却无剑拔弩张的迎敌之势，真是冰火两重天呀！

平静之下，激流暗涌。于东来并非傲视对手之人，他时刻都在精益求精地改善自己。胖东来每年都要花费巨资聘请零售业的精英，为企业植入国际现代商业经营理念，同时让大量外派员工参加专业的培训和研修活动。从这个意义上讲，胖东来可不是普通的区域王。

两强开战，究竟鹿死谁手？

2011年9月10日，万众瞩目的大商新玛特许昌总店终于开业了，选在传统的中秋佳节来临之时登台亮相，既能轻而易举地点燃节日中人们的消费热情，又能在不经意间透出一股浓浓的人情味。

大商新玛特气势恢宏的崭新店面使得胖东来生活广场相形见绌。那一天，开业典礼与营业纳客同步进行，24小时不打烊，大幅特价促销，一时间万头攒动、人如潮涌。

而同样是那一天，胖东来好像一切照旧，并没有具体的针对性促销活动，不过是将中秋节促销活动按既定的计划不紧不慢地执行完。

岁月倥偬，谁人笑到最后？

3年的时光转瞬而逝，胖东来生活广场和大商新玛特依旧在许昌火车站商圈并肩而立，隔街对望。

2011年8月2日，大商新玛特许昌总店在试营业暨开业誓师大会上许下的铮铮誓言犹在耳边——6个月风雨兼程，为七大目标而战；2 000万元首日销售，为成功开业而战；3 000万元团卡销售，为创造奇迹而战；第三年实现赢利，为大商辉煌而战！

然而，"大商风暴"呼啸而过，留下的竟是一地尘沙。

开业当天的盛典观礼之后，就有顾客说"大商新玛特是弄不过胖东来的"，不承想竟一语成谶。近年来，胖东来声名日隆，前去参观考察的人络绎不绝，他们大多也会穿越天桥去对面的大商新玛特瞧一瞧。可参观者口口相传，说的竟是这样一句话："了解胖东来的好，要从大商新玛特开始。"在众人心中，大商新玛特居然成了胖东来的反衬，甚至让人有了"曾经沧海难为水，除却巫山不是云"之感！这可能是孙亚杰豪情万丈地要与于东来在商场切磋时万万没想到的。

战绩骄人的口碑企业和优秀人才，为什么在与胖东来的遭遇战中纷纷折戟沉沙？我们不能不去思考和深究。

许昌的暴风眼

2005年新乡鏖战，2011年许昌对决，到了2012年，胖东来力压群雄的态势已基本尘埃落定。但于东来就是个"暴风眼"，自己泰然自若，却时不时会挟风雨持雷电，引爆一场场地震海啸。

2012年1月29日，胖东来望田店关店，此后的短短半年，胖东来连续关闭16家店，涉及员工千余人。从某种意义上说，胖东来几乎退出了其经营多年的连锁超市业态。

2012年3月20日，胖东来集团发布公告："自今年4月起，每周二为胖东来闭店休息日，春节从除夕到初四闭店休息5天。"此举打破了中国零售业"白天永不歇业""365天全年无休，天天营业""节假日即黄金时间"的通行规则，在全行业引发轩然大波。

2013年4月30日，于东来在微博上写道："新乡胖东来将在合同到期后关闭，员工会有合理的补偿，这两年主要培养员工的能力，为员工走入社会打基础。若员工想主动辞职提前创业，公司可按最高能力支付补偿金。"此微博犹如一枚重磅炸弹，炸响了整个新乡乃至全国的零售业界。

2014年初，胖东来集团再发公告："自本年起，全体员工将增加一个月年休假，具体休息时间由各部门自行安排决定。"

于东来如此不按常理出牌,人们至今都无法理解和看透他的打法。

战略调整初现端倪

暴风雨来临前必有征兆。诚如于东来所言,这些举措是他深思熟虑之后的战略调整,一切在 2009 年胖东来时代广场开业时就已初现端倪,只是旁人并未察觉罢了。

这无疑是中国最好的店

2009 年 4 月 25 日,胖东来时代广场开业。

许昌七一路周边人如潮涌,来自本市和周边县市的人把胖东来的新店挤得水泄不通。

胖东来时代广场整体面积 7.8 万平方米,投资达 3.5 亿元,是河南省单体建筑规模最大的商业项目。它是胖东来根据自身企业文化理念及经营战略,自行设计、施工、装修的大型项目,也是胖东来唯一具有物业权的核心旗舰店。

于东来在时代广场投注了巨大的心血和精力,倾尽全力把时代广场打造成环境一流、服务一流、商品一流、功能一流、管理细节一流、文化理念一流的商业标杆。胖东来时代广场的开业,体现了于东来达成国际化商业水准的战略思想。

中国连锁经营协会会长郭戈平在和上海连锁经营研究所所长顾国建一起参观完胖东来时代广场后说:"这无疑是中国最好的店!"

至此,不算规模,胖东来已经登上了行业的制高点。于东来要向精细化、标准化、系统化的国际水准商业目标坚定前行了!

布局精细化管理,提升服务品质

于东来对提供优质服务一向是极为重视的,在频繁开张新店的同时,胖东来的内部管理一直在同步提升。接下来,我们要细数的是胖东来集团布局精细化管理、提升服务品质的种种举措。

1995年9月,望月楼胖子店建立伊始,就做出了"以真品换真心"的承诺,在当时假货遍地、商战激烈的市场背景下,望月楼胖子店用独特的承诺和实实在在的商品与服务,赢得了消费者的信任。

1997年8月,望月楼胖子店更名为胖东来烟酒有限公司,随即提出了"创中国名店,做许昌典范"的企业发展目标,从关注商品质量向创中国名店跨越,这是胖东来企业愿景的第一次质变。

1999年9月19日,胖东来的首家专业量贩店——名牌服饰量贩店开业，同时推出了"免费干洗、熨烫、缝边"等超值服务项目。

胖东来从"三五个人、七八条枪"的杂牌军，到现代化正规集团军，"免费服务"一直是它过关斩将、克敌制胜的利器，尤其在初涉新乡市场时，更是大显神威。

在互联网时代，"免费"被公认是"最好的商业模式"，360董事长周鸿祎认为"免费"的优点在于能够迅速笼络客户并建立起客户忠诚度，为商家的持续营销做好铺垫。而早在十多年前，于东来就有这种认识，他之所以能把"免费"模式发挥得淋漓尽致，是因为他并未仅仅将"免费"当成一种"迅速笼络客户并建立起客户忠诚度"的经营之术，而是将其当成为顾客提供优质服务的经营之道。他确实见解独到、意识超前，不得不令人叹服。

1999年11月24日，胖东来的7家连锁店同时推出"**不满意就退货**"的政策，至此，胖东来形成了全新的经营理念——"以真品换真心，不满意就退货"。这一退货制度的推出，让消费者完全放下了后顾之忧，可以在胖东来放心购物。其效果显著，在胖东来发展史上值得浓墨重彩地记上一笔。

1999年底，胖东来启动了酝酿多时的股份制改造，这在公司发展史上更具里程碑意义。虽然在理论上尚未成熟，但**"让创造财富的人分享财富"**这一理念的确立，无疑是于东来

"商业天才说"的又一个例证！因为在某种意义上，这就是非常前沿的"资金与智慧对等"股权分配制度的雏形。

2000年5月23日，胖东来公司开通网站，致力于对内、对外传播胖东来文化，也是业内最早借力互联网的先知先觉者。

2000年7月1日，胖东来设立服务投诉奖100元，从制度角度完善顾客监督，实现内、外共管，提高服务质量。

2001年4月12日，《胖东来人》创刊，线上线下联动，进一步加强了对内、对外的胖东来文化传播。

2002年11月19日，胖东来客诉服务中心成立，开通免费客服电话。进一步加强客户监督，完善客户服务。

至此，胖东来客户服务体系的大框架已经构建完成（包括免费服务、退货制度、客户投诉、代客急购等）。自2009年许昌时代广场开业以来，胖东来就停下了开新店的脚步，将精力完全投向了内部管理升级。

从企业家到商业哲学家的跨越

胖东来在势如破竹的发展态势下停止扩张，战略发生重大调整。2006年前后，四十不惑的于东来，较之10年前的年轻气盛，思想发生了哪些转变？

放弃连锁业态,胖东来瘦身健体

从 2012 年 1 月 29 日的望田店起,到 2012 年 9 月 23 日许扶店、光明店,胖东来一共关闭了旗下 16 家店,几近放弃了其经营多年的连锁超市业态。

据许昌市商务局相关人士介绍,胖东来市区店的年零售额占到整个许昌市年度零售总额的 1/3,"如果算上在整个许昌地区的销售额,胖东来占全市零售总额的比重超过六成"。

正是因为胖东来在许昌、新乡市场占据绝对优势,这种让出市场份额的做法才让人更加难以理解。现如今,企业普遍追求做大做强,可胖东来是怎么了?多年来习惯了去胖东来超市购物的许昌百姓突然间也很不适应,纷纷猜测热议——是资金链出了问题,还是经营不善?

从绩效层面来讲,胖东来关闭的所有超市门店都是盈利的。这 16 家店的营业面积大都在 1 000 平方米至 7 000 平方米之间,不仅是胖东来超市体系中的主力军,也是许昌连锁商超中的重要力量。以许昌的许扶店为例,其营业面积达 6 000 多平方米,不仅日用百货品种齐全,还经营生活家居用品,是许昌东部地区一家最受欢迎、最具影响力的大型超市。

关于胖东来的关店原因,我相信有一点是很重要的,那就是自从胖东来加入 IGA 中国,自从于东来去日本的东京、大阪考察后,于东来的梦想和追求就越来越清晰了,他要"打造世界一流的商贸企业"。

于东来对"一流"的理解不仅仅是硬件一流、服务一流，也不仅仅是品类齐全、质量优秀，而是营造一种快乐的购物氛围，倡导一种高雅的生活方式。胖东来生活广场的外立面用巨幅广告打出了"让我们这里成为商品的博物馆、商业的卢浮宫"。他决心把商业做成一种艺术。

他认为自己年轻的时候也有急于求成的心态，贸然进入了多种业态。当逐渐沉静、趋于成熟的时候，他觉得："一个人在某些方面能做到最优秀，但不可能在各个方面都是最优秀的。一家企业也是如此，只有把你的专业领域做精做细、做出特色，根基扎稳后再根据自身的情况逐步健康发展。不能盲目扩张，盲目跨行业发展。因为盲目扩张、不顾自己的实际情况去搞多元化，这方面的教训太多、太深刻了！这不仅关乎你个人的得失，也关乎全体员工、无数家庭乃至全社会的切身利益。允许有小的失误，但绝对不能犯大的决策错误。"

于东来曾动情地说："一般一家公司从几十人到几百人，再到我们目前这样的上万人，从单一业态到多种业态，需要经过很长一段时间的发展，但是胖东来从2005年发展到今天这个规模只用了七八年的时间，我们扩张得有点儿快。规模一大，涉及业态一多，我发现我们就不如以前做得那么精细、那么好了，这说明我们的经营管理能力还不足以管理好这么大规模的店面，还不能保证让员工幸福地成长，还不能保证企业文化理念的良好落实。服务不达标，让顾客失望、心凉，这样更浪费员工的青春，我也很累，这都是我早期盲目发展的苦果。所以，眼下压缩规模是胖东来的主动选择，我们要根据自己的实际能力控制企业的规模和业态！"

他坦言："比照世界上最优秀的单店，从环境、商品、管理到人员的精神面貌和专业能力，胖东来时代广场和生活广场基本已经达到了我们期望的要求，这是人们称赞我们是'中国最好的店'的缘由，而目前能与时代广场比肩的分店还不多。我们想做得更好，想成为业界的领袖，当然不仅是指经营业绩，还希望在精神层面引导行业往正确的方向发展。"

于东来精雕细琢，把工作重点聚焦到加强精细化管理上，通过文化建设和宣导，经由制度化的途径来提升每个胖东来人的综合素质和专业能力。于东来相信，只有经过如此精细化的转型蜕变，胖东来才能真正把零售商业做成一种文化现象，这才是他"主动"关店的真正原因。

"只要我们坚持'从爱出发'做经营，秉持'在不利用他人、不伤害他人、不违背善良的基础上做自己喜欢做的事情'的理念，20年后，胖东来就一定是世界上最棒的企业之一！也许不是最大的，但一定是最快乐的。我的人生目标是做'爱的传道者'，胖东来只是我实现人生价值和人生目标的舞台。"

谈起对未来的憧憬，于东来目光灼灼。

胖东来关店，放弃连锁超市业态，也许是多种因素综合作用的结果，但于东来认定的战略转型一定是其中的决定性因素。耐心读下去，你会越来越清晰地看到一个能从哲学角度看待经营、把握商业运作规律的于东来。

周二店休，也是对生命的哲学叩问

胖东来设立法定店休日，此举开百货业之先河，一时众说纷纭。

2012年3月20日，胖东来集团宣布每周二闭店休息一天，春节从除夕到初四也闭店休息。掐指一算，胖东来全年闭店57天。而且从2014年起，于东来还要让员工每年享有4周的年假。

零售业界为此爆发了一场激辩，基本的结论是：尚不具备这样的条件！

对于此举，社会上也是议论纷纷。有人说，让员工养精蓄锐，让员工休息好了才能更卖力地工作啊！有人说，这恐怕是一种逆向营销、饥饿营销手段，胖东来在许昌和新乡已经有相当高的客户忠诚度了，闭店休息非但不会造成客户流失，反而会因此引发关注，逆向营造紧缺效应，吸引更多的人去胖东来消费，于董高明！更多人则是不解，员工可以轮休，为什么一定要闭店呢？是因为员工上班，管理人员就无法真正休息，于董也就休息不了吧。

这些议论多是在商言商，从营业时间和营业绩效的相关性出发。那于东来又是怎么思考的呢？

我某次去胖东来，于东来去郑州的新郑机场接机，我们因此有了车上的一段率性、轻松的交谈。他直言："不要从商业角度来理解我闭店休息呀！首先，这关乎人性化的管理哲学，零售业基层员工的休息权长期被忽视，我希望我们的做法能引发业界的关注和思考。员工是人，他们应该有完整的生活，不仅是工作，还要恋爱，要结婚生子，要旅游度假，他们有权享受生活。其次，从更深层次考虑，我想昭告天下的是一种生命状态和生活态度，中国人的生活方式出了问题，很大的问题！我们太贪婪了，我们要的太多了，走得太快了！我们造出那么多过剩产品，堆在仓库里，等过时了又把它们销毁，我们是要把子孙后代的资源都消耗殆尽吗？人们每天都在焦躁地匆忙赶路，却不知道究竟要去哪里。我想通过闭店休息表达这样一个理念——我们要少一点儿，走慢一点儿，更多一点儿真实，更多一点儿自由，更多一点儿快乐，让灵魂能跟上我们前行的脚步，这才是人生！"

原来这才是于东来对闭店休息的哲学思考！显然，能从这个角度理解他的人是极少的，于东来对此也很苦恼。这一席话让于东来在我的眼中高大起来。他不是一个简单的生意人，也不仅仅是一位优秀的企业家，而是一个正在向经营哲学家进化的大仁、大智、大勇之人。

进行战略调整时，想跟上于东来的思维和步伐绝非易事。2014年，刚给胖东来员工增加了一个月年假，于东来又在构想更远大的目标。

2014年6月1日，于东来发了条微博："懂得生活才能懂得工作，认真伏下心提升专业能力和学习公司文化，按五年计划实现全员各星级标准，按计划实现全员一年再增加一个月休息时间。让生活掌握在自己手中，做一个懂生活、懂工作、创造爱、分享爱、传播爱的快乐的、有工匠能力和个性、自由的胖东来人！把胖东来打造成培养自信的平台！"

他满怀希望地说："要问我对胖东来人的期望是什么——努力在保证能力提升的基础上，10年内实现全年休息150天，而且快乐地分享成长的过程！每个胖东来人都懂得个性、自由地活出自己，活在当下！每个胖东来人及家庭都懂得怎样创造和分享快乐的生活！"

在许昌的商业史上，先后出现过百货大楼、莲城商厦、天都商厦、亚细亚商城、志德超市、九弟超市、银基超市、新开端超市、一峰超市、鸿宝百货、三家电等大大小小众多商家，走马灯似的你方唱罢我登场，几进几出，到今天完胜的胖东来，难道是上天独爱胖东来？

胖东来成为全国地级市场的商业零售楷模，在全国同级市场中无人能出其右。让顾客深深依赖，让同行尊重钦佩，其中奥妙，可能连那些国际巨头都要仔细研究。胖东来现象，妙就妙在小马胜大象，就如同餐饮业的海底捞——一盆小火锅，惊叹麦当劳。

宏图待展的胖东来，不知今后还会带给我们怎样的惊喜！

2

灯一样的企业

▼

一个"爱"字,体现着于东来的真性情,是他品格中最亮的底色。

▶ 除了许昌，胖东来还影响着洛阳、南阳、信阳等河南各地乃至山西、贵州、湖北、湖南等全国各省的商贸企业。更令人震惊的是，许多服务型企业也深受胖东来的影响，紧跟它的经营理念和企业行为，文化和绩效都有了显著提升。本章我们将细数在胖东来和于东来的影响下，一些企业悄然间发生的成长变化。

南阳万德隆：东来咋说就咋办！

前面提到，2008年7月11日在郑州举行的"郑州商战20年研讨会"上，"四方联采""许昌胖东来""洛阳大张"这几个关键词吊足了与会者的胃口，而作为四方联采核心人物的胖东来董事长于东来更是引发了河南商界的普遍关注。此后坊间关于四方联采、胖东来和于东来的许多传闻便不胫而走，其中以于东来擅自给洛阳大张、南阳万德隆、信阳西亚超市员工涨工资的故事最具传奇色彩。

为了更好地协助于东来实现他的心愿——传播他由成功和失败中所获得的感悟，阐释他的经营哲学和胖东来的文化，把爱传递出去，我很想实地了解一下他的努力已经产生的真实成效。以下便是出行前我和于东来的一段对话。

"我帮助过几家企业,我觉得效果还不错,现在它们都做得很好。"

"听说你和洛阳大张的张国贤关系不错,在思想上相互影响,春节他还带了团队来胖东来学习,我想先去他那儿看看。"

"国贤从'辽宁兴隆大家庭'回来后就去美国度假了,过一阵子才能回来,要不你先去南阳献忠那里看看?"

"就是关于你帮着涨工资的故事,传得最绘声绘色的那个南阳万德隆吗?"

我的好奇心顿时大增,想会会这个"传奇故事"中的另一位主人公。我们一行四人,驱车两个多小时赶到了南阳市。

一下高速,我就感到了南阳市不一样的气势和格局,只见高楼林立,马路宽广,商店商厦鳞次栉比。"南阳在河南的综合竞争力排名第三,仅次于郑州和洛阳,南阳的建成区有150平方千米,是许昌的近两倍,而南阳的常住人口有140万,是许昌的3倍还多。"陪我同行的胖东来人力资源部张伟告诉我。

来到万德隆总部盛德美购物中心的四层,我们见到了传说中的万德隆董事长王献忠,个子不太高,肤色稍黑,是位典型的广东人。王董非常热情地把我们邀到茶桌边坐下:"我们广东人,喜欢沏茶待客!"

"王董,久闻大名,今日一见,感觉和老熟人一般!"我说的是实话,自接触胖东来以来,总是不断听人提起"万德隆的王献忠"。我直奔主题,道明来意:想听听四方联采的兄弟故事,特别是想了解于东来帮万德隆涨工资的传奇。

我在网上检索过一些有关万德隆和王献忠的资讯,都说他为人低调、不爱张扬,可聊起胖东来和于东来,王献忠的话匣子一下子就打开了。

"先说说我自己的情况吧!"王献忠摆开了推心置腹的架势,我心里特别高兴——看来不虚此行,定能满载而归!

于东来给万德隆涨工资

"我出生在广东揭阳一个贫苦的农民家庭,那时家里一年难得能吃上几顿干的,要说穷到什么程度,1986年秋天我妈妈生病,家里穷到掏不出两元八毛的药钱。每到新学期开学,父母都要四处央告,为我们兄妹几个筹借学费。那时上学,说实话也学不到什么东西,于是我就想早点儿干活挣钱,让父母家人活得舒坦点儿。"1987年,王献忠揣着母亲跑了四家才借来的800元北上南阳创业,因为他妻子是南阳人。

"我没有富爸爸,还被南阳当地人叫作'南方小蛮子'。"王献忠自我调侃说。确实,一个没背景、没靠山的外地人在异乡漂泊,其中的艰难曲折岂是三言两语就能说清道明的。王献忠卖过糕点，借了个四面透风的窝棚自产自销，每天从鸡鸣忙到深夜，为了省1.5元的车钱，骑着个破自行车四处奔波。这样抛洒汗水，不辞辛苦，经过5年的艰苦创业，王献忠完成了原始的资本积累，掘到了人生的第一桶金。通过对市场的考察和分析，他改变了业务方向，开始销售不锈钢厨具和餐具。做这门生意，他有优势——他的老家揭阳县是全国最大的不锈钢厨具生产基地，而那时南阳的不锈钢产品刚刚上市。

这门生意他果然做得不错，到1999年，他已经有了100万元的资金积累。一次偶然的机会，他在郑州考察生意时接触到一家量贩店，生意异常火爆，而那时的南阳还没有"量贩"这个业态呢！经过一番调研和考察，1999年5月1日，王献忠的万客隆量贩在南阳开业。

机缘巧合，胖东来综合量贩也在1999年5月1日开业。于东来第一次把量贩这种业态引入许昌，此时的二人尚不相识。2001年，由于业态相同，王献忠相继认识了许昌胖东来的于东来、洛阳大张的张国贤、信阳西亚和美的沈世泉。从此，于东来和王献忠在创业路上结下了不解之缘。

中国加入世界贸易组织留给零售业的不仅是"狼来了"般的草木皆兵，更有真实的血腥搏杀。在当时的河南省，家乐福、沃尔玛、麦德龙等国际连锁巨头纷纷进驻，北京华联、大商等国内连锁巨头竞相逐鹿，台资企业丹尼斯纵横驰骋，市场竞争日益激烈,很多中小型商贸企业都惨败出局。

2002年,洛阳大张、许昌胖东来、南阳万德隆、信阳西亚和美4家企业正式结盟,成立了四方联采,希望能抱团应对不利局面。这4家企业在地域分布上有一定的距离,在市场上不存在竞争关系,这使彼此的交流更加容易。企业业态上的相近使他们有了较多的共同语言,地缘文化的接近也为沟通奠定了良好的基础,最重要的是,他们有共同的价值理念,这很大程度上与联盟的核心人物于东来有关。

在于东来"据点式作战、修炼式经营、内生式增长"战略思想的引领下,10年间,许昌胖东来已经从一棵幼苗成长为参天大树。2005年,胖东来跨地域征战新乡,接连挫败丹尼斯、世纪联华和众多新乡本土企业,成为新乡市商贸界的龙头老大。但四方联采中的其他3家却在发展到一定阶段时遭遇瓶颈,甚至一度到了难以为继的境地。

"早几年我看不懂东来,是真的看不懂。那时候河南有一大帮策划公司跟我说,'胖东来的工资那么高,成本那么高,非死不可'。可是眼看着东来做得越来越好,和他的差距也越来越大,我们都有点儿沉不住气,国贤哥领头跟于东来商量说,'你得来帮帮我们'。东来答复,'帮忙可以,但必须答应我两个条件,第一,我给你们每家企业代管一年,我要当董事长兼总经理,你们都退位,我制定的任何管理规章制度都不许改；第二，如果这一年出现亏损，亏多少钱，我赔多少钱'。大家一听都同意，于东来就走马上任了。"

万德隆当时有20来家分店，年利润500万元，然后就卡在这个瓶颈上不去了，也做得很累。

"东来先去了洛阳国贤那里，给员工涨工资，后来就到我这里。他来南阳的时候，我正好在深圳那边，还真不知道他来。他招呼都不打，开着车就来了，到了之后就找店里的负责人让涨工资。我那几个高管给我打电话说，东来让涨工资，而且幅度很大，我回复的原话——坚定不移，东来咋说就咋办！"

于东来这工资是怎么涨的呢？

理货员：月薪600元涨到900元，涨幅达50%；

中层管理人员：月薪2 000元涨到5 000元，涨幅达150%；

店长：月薪5 000元涨到年薪20万元，涨幅达230%！

另外，于东来给20位店长一人买了一辆车，并规定只要干满6年，离职以后可以把车带走。而后，他还调整了万德隆所有的罚款制度。

"其实我那时心里也不太有底，自己私下算了算，如果我们自己那么整，成本增加那么多，估计要亏上1 000万元。"王献忠说，"但我相信东来，他的担当是有底气的，并非仅仅涨钱那么简单，他有系统的管理措施。"

结果完全出乎意料，万德隆当月销售额提升了40%，你不能想象员工身上蕴藏着多大的能量！那一年下来，不仅没有亏1 000万元，反而赚了1 000万元！比起去年的500万元利润，可不是多赚了500万元那么简单！这一正一负加起来可是将近2 000万元！谁也想不到这个结果。

"打那以后，凡是东来说的，只要照着做，结果都是好的。所以我现在对于东来只有两个字——相信！我就是一直跟着他走，这几年越走越踏实，企业也越来越好。我现在一个月能在广州待上十几天，啥事儿也没有。"

言谈甚欢，眨眼就到了晚餐时间，王献忠给于东来为四方联采涨工资的传奇故事做了个小结："回想2007年那会儿，我这个人虽然心好，可不会管理，既不会发钱，也赚不到钱。我琢磨我们和东来究竟差在哪里，慢慢明白差就差在思想和境界上。和很多老板一样，我们是在商言商，认为总得自己先赚到钱才能给员工发钱吧。东来却不那么想，他想的是'我得让我的员工生活上没有后顾之忧'。另外，他很早就明白，员工没有积极性，光靠资金投入是没有用的，所以他认为给员工发的钱都是员工自己挣的，并不是他于东来的恩赐，所以他要让'创造财富的人分享财富'。他和我们的思考就不在一个层面上。我们现在的胸怀和气魄仍然赶不上东来，视野也有局限性，那我就做个跟随者，紧跟着走。还是那两个字——相信！"

最后，王献忠开玩笑地说："王老师，幸好今天东来没和你一起来，否则我这些话当着他的面说就有吹捧之嫌啦！"

万德隆对标胖东来

南阳参访第二天，我们在王献忠的陪同下考察了万德隆两个比较有代表性的店面。只有获得更多的第一手资料，王献忠的陈述才是最确切、最生动、最有分量的！

第一站：万德隆购物广场

万德隆购物广场是王献忠开在南阳城乡结合部的一家新店，门前有个很大的停车场，对吸引客流很有利，地理环境应该很不错。

"这个店的位置有点儿偏，原来没什么人气，开发商把这个物业外围的门面房早都租赁出去了，可是人气不足，一直启动不了。于是就来找万德隆，要把中间部分交给我们经营，免收两年的租金，希望也相信我们能把人气带起来。开店至今有一年半吧，效果还真不错，商业设施到位，服务也不错，原来购了房搁置在那里的业主慢慢都搬过来了，人气也旺了。开发商满意，我们的效益也不错。不过说实话，很多方面我们都参照胖东来。还是东来那句话，我们真还造福了很多人！"王献忠由衷地说。

走进万德隆购物广场，眼前的场景怎么如此熟悉？仔细一想，环境和胖东来服饰大楼还真是很相似。"这家新店眼下主要经营三个品类——食品超市、服饰和电器，服饰主要分为大众服饰和品牌服饰。有胖东来做参照，开新店做得也不累，但学硬件容易，软件提升则需要时间，还有半年的免租期，我们让员工慢慢提升，让服务慢慢到位，效益一定不会差！"王献忠信心满满。

第二站：盛德美大型购物中心

盛德美大型购物中心是王献忠在南阳开的第一家店。

车到门前停下，只见整座建筑物都被脚手架和安全网包覆着。"这是我最早开的那个店，正在重新改建装修。"王献忠说，"从2007年以来我就守着那20多家店，没再扩大规模，这是当年东来给我们下的死命令。有些店做得不好就给关了，按高标准开个新店。有些店租赁期到了，能续约就续约，重新装修以提高层次。现在，我们的各家门店都好了，绩效也不断提升。原来那真是脏乱差，东来过来检查卫生，我都不敢见他。东来说来就来，到了南阳的店里再给我们打电话。其实我们都害怕东来，为什么呢？因为打心底认同和佩服他，所以才有那种敬畏之心。"

迈进盛德美，感觉这家老店的环境还是相当不错的，除了稍感拥挤。"还行吧，我们在不断改进呢。原来为了多些经营面积，过道留得比较窄，这次装修我们就向胖东来时代广场学习，加宽过道，把更多的空间留给顾客。东来给我们做的这些决策，比如给员工涨工资，比如别扩大规模要做精做细，其实都是一种担当，我们怎能不听呢？"王献忠动情地说。

我在胖东来的各家商场转了太多次，所以一眼就能看出盛德美的商场布置、商品陈列等很多细节都在仿照胖东来，整个装修风格几乎和胖东来一模一样。"你看这自动扶梯口的地毯，胖东来用什么牌子，我们就用什么牌子，这样既放心又省心。"王献忠特意强调。

如果观察得更仔细一些，你还是能感觉出盛德美和胖东来的差距，那就是员工的状态和精神面貌。接触胖东来的员工，你能明显地感觉到他们的自信、放松、快乐和热情，而盛德美员工的微笑还是更商业化、职业化。

"2007年，东来让涨工资的时候来过这家店，那时我们一年的销售额也就几千万元。东来说'你这个店做好了，一年能有4个亿'，我们都觉得是天方夜谭，可是这几年下来，我们的年销售额还真上4个亿了，你说这不是神了！"说这些话的时候，王献忠的眼中仍有几分难以置信。

"我心里很清楚，"走出盛德美时，王献忠说，"虽说现在我们的很多硬件和胖东来都是一样的，但在软件方面，人的思想、文化等沉淀还需要一个过程。我们与东来的差距还很大，我们一直在努力，一直在改进。但我知道，我们现在充其量也就是胖东来2007年时的样子。"

第三站：南阳丹尼斯

因为心系丹尼斯和胖东来的对决，我搜集过很多丹尼斯的相关资料，但一直无缘实地考察，听说南阳也有丹尼斯，就动了去看看的念头。

南阳丹尼斯，位于南阳市中心商圈，地段的优越性远超万德隆，唯有停车不太方便。走进大厅，第一感觉和普通的综合性商场没什么两样，算不上差，但也不能令人眼前一亮。

我这一年中频繁接触商贸企业，知道最难做的就是生鲜超市，既指望它带来客流，而经营上稍有不善又会亏损，如同鸡肋。所以每去一家店考察，生鲜超市是我必去的地方，一比较，经营水准高下立现。

丹尼斯的生鲜超市商品陈列没有万德隆精心，货品的丰富度更是远远不及，整体客流量和万德隆相比差得很远。

"于东来,五百年才出一个"

如果想听听别人评说于东来,那么张国贤和王献忠是最好的人选。辞行之前,我们聊了聊参访三家商场的感触,王献忠也更深入地和我们谈了他对于东来的看法和评价。"现在在南阳,在给顾客提供更好的购物环境、健康安全的食品和合理的价格方面,已经没人能和我们相比了。万德隆已经是南阳商贸企业中的龙头老大,地位很稳固。认识东来是我的幸运,要不我还只是一个小打小闹做小生意的人。"王献忠说得非常诚恳,"以前人们总是说知识改变命运,现在我总是对我的员工说,'理念才真正改变命运','明事理、活自己、心灵高贵、活在当下'都是东来的理念。东来还说过,'你真心对周围的每个人好,你的出发点是善意的,你的心不再为了名利、面子,当你的心转变过来以后,一切就都好了'。其实我没有理念也没有想法,我所做的一切都秉持东来的理念。一家好企业没有一个好理念是不行的。没技术不可怕,可以学;没理念最可怕,一定会走邪道。心得放在员工、客户和供应商身上,结果一定会好。"

他继续说道:"过年时,东来对国贤哥说,明年过年放3天假,如果不放假以后就别见面了。我们就坚决执行,我已经在万德隆宣布明年春节放假3天,员工甭提多高兴了,东来这是在推着我们往前走。看着胖东来员工福利和精神那么好，卖场那么好，许昌人民多幸福啊，你说我们怎能不跟着走呢？我的管理人员有什么不懂的、难以决策的事，我就让他们直接去许昌问东来，看看他们是怎么做的。我们基层员工的工资是每月2 600元，今年再一涨，明年就能跟上东来了。胸怀大一点儿，目标远一点儿，就能想着更多人了。原先，我只是想自己，后来是想员工，现在是想南阳，将来就是想国家了，东来想的就是这些。在很多场合我都这么说，因为我发自内心认同和佩服东来。"

谈话间，张伟提起今年除周二店休、春节放假5天外，胖东来又给员工增加了一个月的年休假，王献忠马上对他的高管说："我们跟不上东来的步伐，但我们得向他看齐、向他靠拢，今年我们给员工放15天的年休假！"一位高管为难地说："我们刚刚在年会上宣布今年放10天假！""那重新宣布呗，多给5天假，员工还不高兴坏了，难道还会有反对的？"王献忠没有一丝犹豫地说，"听说胖东来的投诉奖是500元，我们也马上从100元提高到500元。你们几个，马上和胖东来的客服部门对接一下，看看他们的制度、流程是怎么设计的，回来以后不用修改，马上执行！一定要把客户服务做好。我再强调一次，对东来我现在就两个字——相信！现在大家都在说文化渗透，我没有什么文化，现在就是全搬东来的，一字不改。刚开始，我们团队有人说要改，我就说坚决不能改，如果非要把东来的东西改成自己的东西，那还是为了面子。东来多好，全国人民都学东来那多和谐！我们四方联采都是在学东来，国贤哥就说，'东来就是我们的财神爷、我们的精神核心，咱俩可不能犯傻啊'。"

我忽然想起，来南阳之前看过万德隆的企业文化，确实和胖东来的如出一辙：

企业愿景——创造财富、传播文明、分享快乐；

做人原则——你心我心，将心比心；

不是自己的坚决不要，遇事要抱吃亏态度；

不要急功近利，要从一点一滴的小事做起；

营造优良环境，净化人的心灵。

王献忠最后说："东来就是中国商业的一面旗帜！有些人整天谈战略，本质就是要做大企业规模，是一种贪婪的表现；有些人整天讲'以人为本'，到了发工资时就没有这种理念了。现在有很多企业想学东来，因为零售业不像前几年那么好做了，要生存就必须改变，但要改变就得从根本上转变！老板要掏出心来对员工好，你得真实、真诚，不能对员工有企图心，只想着'我给你涨了钱，你就得给我拼命工作'。对顾客，不满意就退货是你的义务，服务好你的顾客是你的责任，是你应该做的。别想着服务好了顾客，顾客就会对我们好，那就想歪了。你别索取,得先付出。"

王献忠话既至此,我就说起最近两次我们精心组织的"走进胖东来"标杆企业游学活动,百余位参加游学的企业家和于东来之间的零距离对话。王献忠接过话头:"很多人现在见不到东来就上我和国贤那里,我们也乐意接待,我们要让东来有时间思考更高层面的东西。那些来这里学习的人,我对他们说,如果你们连我都学不会,那就更学不会东来。学东来要先把东来的理念弄清楚,看他是怎么做事、怎么为人的。如果你的心没转变过来,来学习只是为了提高绩效,只是来找方法,那么给你流程、考核方法,你也学不会!"看王献忠现在做得这么好,他还真是学到了根本。

"全国有那么多企业学东来,如果像我们四方联采的几家一样真心学,还真的会不一样。去年,到过我和国贤那里的几家企业,都有30%~40%的增长。有个襄阳的超市(好邻居),就照着我们的做,原来年销售额是3亿元,现在没开一家新店,年销售额都有十几亿元了。这家超市的老板去年送我一辆奔驰,我没要,说'你还没我有钱,不用客气'。我问他去年赚了多少钱,他说2 000万元,我说留1 000万元就够了,另外1 000万元发了,每人发500元,他回去就发了。还有一家山西的家家利,原来一个领导的月薪是3 000元,我就让他涨到了7 000元,员工工资也翻了一番,而且现在春节也开始放假了,尽管才一天。"王献忠还列举了湖南、贵州几家学有所成的企业,在此不一一详述。

"于东来,五百年才出一个!"王献忠发出如此的肺腑之言。这是一次让我收获颇丰的拜访,我对于东来的影响力有了更深刻的认识。

68℃:用爱做咖啡

1993年,我受学校派遣,去意大利第三世界科学院进修和工作。9月,暑热将消,金风未至,恰逢好时机。行程第一站是意大利首都罗马。机场离市区较远,我的老同学去机场接我。一路上汽车风驰电掣,我满怀好奇地遐想着这座世界历史文化名城的动人风貌。

车开进罗马市区,我却发现那里行人稀落、灯火幽暗,只有路边小小的咖啡馆和食肆透出暖暖的黄色灯光。朋友携我去一家咖啡馆小坐,点了两杯咖啡。小小的咖啡杯只有中国的酒盅那么大,而扑鼻的香气真是令人陶醉。这是我与意大利咖啡的第一次邂逅。

此后每逢双休日,我便去意大利各地旅游度假,佛罗伦萨、威尼斯、罗马、比萨、米兰、热那亚……每到一地,除了参观景点,我必定找家咖啡馆,喝上一小杯香浓的咖啡。

那个年代,我这样的访问学者即便囊中羞涩,400～500里拉一杯的咖啡也不算奢侈。我非常享受的不仅是咖啡的香气,还有意大利的咖啡文化,让人难挡诱惑,我对咖啡的钟爱就是从那时候开始的。

岁月如梭,很多往事都已淡忘,唯有意大利咖啡在我的记忆里香醇依旧。回国后,我也进过很多咖啡馆,却再没遇见那记忆中的味道和自得其乐的氛围。

与68℃的许昌邂逅

可难以置信的是,在许昌这样一座小城,一家小小的咖啡馆却唤醒了我悠长的回忆。

胖东来人力资源部的张伟是个美食爱好者,还是个典型的文艺青年,不但注重食物的味道,还很讲究进餐的环境和氛围。他不止一次向我提起他的密友——从事咖啡行业8年之久的王挥元,提起68℃ Specialty Coffee(68℃精品烘焙咖啡馆)。能得到张伟如此青睐和推崇,想来此人此店定有不凡之处,加之长留心中的咖啡情结,我决定一探究竟。

晚间安静的街边,尚在营业的几家小店里透出暖暖的黄色灯光,恍惚间,我又回到当年意大利罗马的街头。68℃精品烘焙咖啡馆的店招简洁、毫不张扬,砖坯的外墙透出一种沧桑感。刚推开沉重的玻璃门,就隐约闻到一股咖啡的香气。水汽氤氲,灯光有些迷离,店内的装修是当下流行的 LOFT 风格,客人并不少。

店主是一对"80 后"年轻夫妇,热情、开朗,没有过多客套,我们的谈话直奔主题。被张伟称作"咖啡王子"的男主人王挥元先开了口:"先说说我这个店名的寓意吧,65~68℃是咖啡的最佳饮用温度,在这个温度区间咖啡的风味最佳,我们尽全力找寻全世界最优质的咖啡生豆,新鲜烘焙,专业制作,希望与大家分享每一杯有品质的好咖啡。很多朋友问我为什么要开咖啡馆,如果说之前还只是因为兴趣做了一个生意上的选择,那么在我们决定回许昌创业时,兴趣已经转化为热爱,生意已经转化为此生要做的事业。在这样的想法下,2009 年 7 月,许昌文化街的 68℃咖啡工房(原店名)开张了。"

王挥元接着回忆:"那真是一家小店,只有 65 平方米,7 张桌子,一个兼职员工加上我。因为地段不好,整条街都很冷清,除了我们,只有一家烟酒店、一家宠物店,其他都是没卖掉的空房。开张的头几天没生意,我们就把桌子搬到门口,让家人朋友坐在一起冲人气。有人问起,有包间吗?有麻将吗?有牛排吗?我们说没有,只有咖啡。那时每天的营业额不超过100元。虽然客人不多，但能做着喜欢的事，我们依然感觉很开心。我们是带着热爱来做事业的，所以我们坚持使用原产地的进口生豆，手工烘焙、研磨、制作，保证咖啡的最大新鲜度。每天用心做好那仅有的几杯咖啡，与每个坐在吧台的顾客聊天，渐渐地，很多朋友喜欢上了我们，到店的朋友越来越多，到最后往往座位都不够用了。"

在这个逐渐成长的过程中，王挥元不仅收获了事业，更收获了美满的爱情。女主人小静幸福地笑着插话："我跟挥元是初中同学，但好多年没有联系了。若干年后的某天，我推门进入68℃咖啡工房的一刹那，就被浓浓的咖啡香和做着咖啡、帅气的他吸引了，所以说，咖啡真是一个神奇的东西！"

"2012年8月，我们开了第二家店，店面扩大到300平方米，是原来的5倍，人员也增加到12个。为了给大家提供更高品质的咖啡，我们将咖啡烘焙设备升级为德国进口的PROBAT牌半热风式咖啡烘焙机，它被称为烘焙机中的劳斯莱斯，全国也只有3台。生豆也全部选用更高等级的庄园豆，还组建了自己的杯测团队，咖啡品管严格。生意越来越好的同时，越来越多的人知道并认可了我们，甚至有很多人远道而来，想跟我们谈加盟合作。"王挥元的话语间透出一种自信和快乐。

咖啡王子的扩张烦恼

落座以后,我要了一杯拿铁,由意大利浓缩咖啡和经蒸汽加热后的鲜奶调制而成,捧杯抿上一口,果然香浓醇厚。

在夫妻俩的介绍中,我们逐渐了解了他们这几年的发展轨迹,以及他们一路走来的快乐和苦恼。当生意越来越好、名气越来越响的时候,这对年轻的夫妻却陷入了迷茫,既然生意这么好,那就扩张吧,把品牌做出规模。确实,他们已经具备了快速扩张的条件。其一,王挥元既被誉为"咖啡王子",绝非浪得虚名,多年的潜心钻研让他在咖啡烘焙、碾磨、萃取、冲泡等各个环节都有自己的心得,可以称得上资深专家了;其二,妻子任小静出生在商贾之家,家底颇丰,所以扩张所需的资金也不是问题。因此,小两口合计着在2014年开上6家分店。

经营好一家店也许不难,但迅速扩张就需要投入大量的精力和时间了。首先,咖啡馆的选址很有讲究,店面不需要很大,150~300平方米即可,最好邻近主干道,购物街旁的小巷则是最好的选择,很多顾客购完物都会找附近的咖啡店歇歇脚、聊聊天。其次,店面的装修也很讲究,需要跟目标消费人群的品位相符,特别是吧台的设计,功能性、展示性、交叉流动性、质感等都要兼顾。最后,也是最为关键的,一家咖啡馆的灵魂人物——优秀的咖啡师必不可少,他要像王挥元一样热爱咖啡并了解咖啡知识,愿意向更多的人介绍、推广精品咖啡并从中获得快乐,但在许昌这样的人才实在太少了。

总之,要快速扩张,需要操心的事太多了!夫妻俩每天忙得筋疲力尽,心情也开始焦躁,若遇上什么事,彼此看法有分歧就很容易爆发一场争吵。为此,他们也感到迷茫:扩大规模的结果是让更多的人喝上好咖啡还是赚更多的钱?是做生意还是干事业?

开好这一家店,开成百年老店

话分两头,时至2012年底,于东来已经关闭了许昌的16家超市,几乎退出了经营多年的连锁超市业态。他在微博中多次提到:"如果我们的能力还达不到带领那么大的团队,我们就会做得很累,如果我们不能让员工很好地成长,也不能照顾好我们的顾客,那就把它关了。"于东来很坚定,他要按自己的能力快乐地做事,不为面子活。

他甚至鼓励更多的员工离开胖东来,按照胖东来的理念自主创业,并以自身的经历为例,谆谆教诲:"假如我是个体户小老板,投资5万元、10万元开家餐饮店或摆个地摊,保证做到环境整洁、食品安全和餐具卫生,健康、品质好、口味好,让顾客放心安全地消费。刚开始自己不要急着赚回投资,按两年计划慢慢来,先把顾客的口碑做出来,持续提升。找两个员工,对员工好点儿,工作时间在8小时以内,每月底薪2 000元,然后把每个月净利润的40%拿来给员工发奖金,发自内心地尊重员工、爱员工。只要员工感觉到温暖,自然会听你的话,你也不必为留不住员工发愁,然后培养员工的专业能力,让顾客更满意,口碑更好,这样生意自然会越来越好。如果人不够可以根据经营结果合理调整,我相信一年之后你会更自信。"

鉴于这种"做传道者"的理念,于东来很关注许昌的小商户,但凡做得好的,他不仅会在微博上宣传褒扬,有时还会亲自去看看。

2013年初的一天,于东来带着他的管理团队去看了看王挥元的咖啡馆。王挥元深知,在许昌能让于东来亲自去看的地方并不多,所以在荣幸之余也倍感压力。两人相遇,促膝长谈。于东来表示很喜欢王挥元这家店,但他不主张快速扩张:"简简单单地开一家店,每天幸福地经营,让每个人都快乐、开心、没有压力,并把这种快乐幸福传递给顾客、朋友。"

于东来当时说了一句话,王挥元记得特别清楚,他说:"其实我们大多数人都很普通,也不可能成为比尔·盖茨或乔布斯,做自己热爱的、能力范围内的事就会快乐幸福。开好这一家店,开成百年老店!"

68℃在许昌开店以来,生意越来越好,周边陆陆续续又开了很多家咖啡馆,但是有很多店不到一年就停业了。毕竟许昌懂得享受咖啡的人并不多,如果不了解咖啡知识,如果不热爱咖啡,而仅当作一门生意,那么想必很多店主不会如此耗神费力地坚持做下去。

"那么,68℃的下一步会怎么做?"我问道。

"挥元和小静很快就要带着员工去上海参加一个全国的咖啡师比赛了,他们不仅技术是一流的,硬件也是一流的。"张伟对这家店已经相当了解,他带着我在店里转悠,"王老师你看,这是意大利的 LACIMBALI 半自动双头手控咖啡机 M39,这是日本的 HARIO 虹吸壶加红外线光波炉,这是意大利的 MAZZER ROBUR 磨豆机。按照东来倡导的工匠精神,凭借挥元的专业水准,68℃可以定位为推广精品咖啡的专业咖啡馆,并集中精力把这个领域的标准做好,成为行业的引领者。"

王挥元赶忙说:"张伟的建议非常有价值,我们已经打算向这个方向做更多的努力了!"

"如果能成为行业标准,接下来我们还有一个更美丽的梦想,"小静接茬,"我们对咖啡技术、开店经验自始至终都不想隐瞒,因为我们的初衷就是让更多的人爱上咖啡、喝上好咖啡,那为什么不去做个咖啡学院呢?让更多对咖啡感兴趣、想开咖啡馆的人通过学习掌握专业的咖啡知识，爱上咖啡并做好每一杯咖啡，这样不就可以让更多的人无论在哪儿都能享受到一杯好咖啡了吗？"

夫妻俩达成一致，停下了扩张的脚步，用对咖啡的爱去成就一番事业。2014年3月，68℃咖啡学院正式启动，他们下一步还要建立更专业的咖啡烘焙工厂，让更多的人在家也可以喝到新鲜烘焙的精品咖啡。对于未来，他们充满信心。

"胖东来人教会了我们很多——无私、包容、博爱、快乐、健康、标准、系统，关心伙伴成长，关心顾客感受，关爱所爱之人，在快乐、健康的前提下去做事情，做到伙伴快乐、顾客满意、家庭幸福。三言两语难以形容我们对胖东来的感恩之情，收获之余，我们会将心得体会与更多人分享，这才是最开心的事。"告辞之际，小静挽着我的手臂，在我耳边说，"王老师，你不是说会在书中提到我们的故事吗？替我写上，我为身边有胖东来这样的企业、于东来这样的老师和企业家感到幸福！感谢胖东来，感谢家人、朋友一路走来的支持！"

想不到多年的意大利咖啡情缘，能引出这么一个和胖东来有关的故事。真好！

台湾新新娘：让每位新娘都更幸福

我们组织的"走进胖东来"标杆企业游学活动，有一个和于东来现场对话的互动环节。对话刚结束，参会人员就全都涌上台来，抢着要和于东来合影。

我是这场活动的主持人，所以也有很多人和我交换名片，可我只记住了一位长发飘飘的婉约女子，她很安静地递过名片，对我说："很高兴能彼此认识，我是台湾新新娘的刘娟，我们在胖东来时代广场一楼设有专柜……"

活动结束后我还真留了心，去时代广场一楼这个"台湾新新娘"专柜转了一圈。台湾新新娘是做婚纱摄影的，给我的第一印象不错，时尚、前卫又不失雅致。张伟说："这位台湾新新娘的刘董事长还真值得一见，她受于东来的影响很深，近几年创新举措频出，与你的写作主题很契合。"

敢于第一个吃螃蟹的奇女子

和刘娟的第一次交谈没有任何陌生感，就像老友见面一样开心自在。随着交谈的深入，我越来越感觉出她的非同凡响——这可是位敢于第一个吃螃蟹的奇女子！刘娟入选"2014年许昌市商界十大新锐人物"，而我此前还真不知道她在许昌是个引领潮流的人物，这个有故事的人和于东来又有什么渊源呢？

刘娟出身悬壶之家，父母都在医疗机构工作，上有两位兄长，她是家里的幺女。家人对她呵护备至，父亲希望她将来也能从医，有一份安定、有保障的工作。但刘娟是个心怀梦想、天生好强的女孩儿，打小她就喜欢看电影，憧憬着长大后能像电影里的主人公那样，穿着漂亮的衣服在蓝天下翩翩起舞。她想即使当不成演员，也一定要学会服装设计。

刘娟告诉我，她的第一次人生选择就和这个梦想有关。性格决定命运，1993年，年方18岁的刘娟拒绝了父亲从医的人生安排，开始了第一次创业，她的人生从此和美丽结缘！

当时，她在许昌人民路上开了第一家真正的广州时装专卖店，每周不辞劳苦地搭乘绿皮火车在许昌、广州两地奔波。因为眼光独到，她挑选的服装很受青睐，有时货还没上架就被顾客买走了。生意火爆，引来众人竞相效仿，半年内，原来仅有刘娟一家时装专卖店的人民路很快发展成了时装一条街。刘娟一举成名！

"东来哥的大姐当时开了家大众服饰店，紧挨着我的店，所以我和东来哥那时就认识了，我一路发展到现在，没少受他的影响。"刘娟说。

一个偶然的机会，刘娟去广州进货时发现了一件很美的橙色婚纱，就一起买了回来，挂在时装店里，不时瞅上一眼，心里很享受。爱美之心人皆有之，这件婚纱也钩住了很多女顾客的眼睛，不断有人来借用这件婚纱。那时许昌还没有婚纱租赁，刘娟马上在时装店对面租了一个300平方米的店面，成了许昌婚纱租赁、销售第一人。

"这一点我和东来哥很像，对市场很敏感，但凡有点儿新动向，我很快就能感觉到，并在第一时间进入。"刘娟自信地说。

进入婚庆服务这个领域后，刘娟便一发而不可收。她把婚纱销售、租赁业务向两头延伸，拓展出婚庆典礼、新娘化妆、婚纱摄影等多种业务，又从单一的婚纱摄影发展出全家福、孕妇写真、儿童写真。

在业务拓展的同时，刘娟也精心搭建和拓展着人脉平台。她是中国实友会[1]的创始人之一，并担任河南省实友会副会长。她在北京开办了北京雅廉阁高端私人会所，汇集国内外婚纱摄影方面的专家，共聚交流。

"王老师，我可以说是'盛名之下'，要更多地担负引领行业发展的责任。我遭遇了发展瓶颈，不仅人累，心也很累。

---

[1] 中国（国际）实友会创立于2009年，是一家专注于企业家生活方式和商业调性的极具创造力的平台型企业家俱乐部。

在我迷茫的时候，东来哥给了我方向，也给了我支持和帮助，我很感谢他。这几年，我一直照着他说的做，要突破瓶颈是很难的，但我已经看见曙光了！"刘娟说完这番话时，天色已晚，我们便相约第二天去许昌建设中路的台湾新新娘旗舰店，亲身感受下这个高端婚纱摄影品牌的风采。

你要做行业的标准

第二天下午，我如约而至。首先映入眼帘的是一个欧式立柱、白色外墙的门面，室内装修也以白色为基调，店内墙上挂着中外各个时期的婚纱照，庄重雅致。

落座后，刘娟开始介绍这个店的历史："这个店原来是胖东来的大众服饰店，由东来哥的大姐打理。2002年胖东来生活广场开业以后，这个服饰店的业务就被归并过去了。我因为业务扩大，就接手了，所以我和胖东来一直有着千丝万缕的联系。

"2009年胖东来时代广场开业时，我在那里开设了一个品牌窗口。东来哥语重心长地告诉我三件事：第一要学会砍，舍得将利润的一半分给员工，赚100万元就拿50万元给员工；第二要敢于创新，建立行业新标准，想别人不敢想、做别人不敢做的事，同时要以客为本，处处为顾客着想；第三要有梦，连梦都没有,就不可能梦想成真!那时我内心确实有一个梦,就是想见证天下有情人终成眷属。能在胖东来时代广场开设窗口,能浸淫在胖东来的文化氛围中,意味着我们又将跨上一个新台阶。"刘娟的脸上喜色难掩。

刘娟说:"我那几年的发展看似风生水起,业务几乎覆盖了整个产业链,但眼下行业竞争十分激烈,你发现一个新的业务方向,稍稍做得好一些,马上会有许多人跟进,和你同质化竞争,唯一的竞争途径就是拼价格,结果大家一起壮烈牺牲。我虽然一直比较敏锐,总占着领先一步的优势,但当你把整个产业链覆盖完之后,下一步该怎么走呢?开更多的门店以扩大市场占有率?用已经积累的资金投资其他领域?我应该算是个有主张、有主见的人,但我真的迷茫了,我该怎么办呢?"刘娟此时已经近乎自语,目光飘向远方。

她陷入沉思:"当时我们的业绩不好,时代广场一楼负责铺面的主管找到我,委婉地表达出让我撤柜的意思。我想想也是,胖东来一楼主做珠宝和化妆品,珠宝是胖东来自营的,我看着黄金柜台的生意那么红火,每天收入一沓沓的现金,而我们占着那么好的位置却不产生效益。我能理解主管的想法,但是我不能轻易认输啊!其实,当你真正带着一家企业、一帮人的时候,那就不仅仅关乎赚钱了,你得对你带着的那帮员工负责。时代广场的那个窗口有胖东来的形象做背书,这对台湾新新娘来说是至关重要的。我知道东来哥每天都会去许昌体育场打羽毛球,我就蹲守在那儿,找到他说,东来哥,你再给我个机会,让我试试吧。东来哥很爽快地说,那好,我告诉一楼主管,让他别撤你的柜。但是妹子,我告诉你,你那样做不行,面儿铺得那么宽,哪方面都没有特别的优势。你得专注、专精,把一个领域做到最好、做到极致,你不要和别人同质化竞争,要做和别人不一样的东西,你要做行业的标准。"

刘娟说,听到那句话时她的头"嗡"了一下,好像突然开窍了。回家后静静琢磨,于东来这句听来不经意的话,却可能是他长期思考和实践的结果,联想起他接连关了那么多尚在盈利的超市,联想起他不断强调和倡导工匠精神,联想起他曾经说给胖东来经营状况只能打百分制的 5 分,刘娟说她豁然开朗,感觉找到了未来前进的道路和方向。

壮士断腕方能绝处逢生

刘娟是个极为干练的人,一旦找准方向,就开弓没有回头箭。

刘娟当时的业务面涉及很广,每一项也都还赚钱,但是患得患失就不可能转型成功,于是婚庆典礼业务不办了,全家福、孕妇写真、儿童写真不拍了,郑州的策划公司和北京的高端私人会所停办或转让了。斩断枝蔓,主业定位也就清楚了:成为高档婚纱摄影行业的领导品牌,做专业、做标准。

俗话说"知易行难",虽说刘娟以为自己已经看清了前行的方向,但在之后的践行过程中却历经了诸多曲折和磨难。由于砍掉了许多相关业务,公司的业绩直线下滑,不能实现盈利不说,还面临着亏损的危机。

业绩下滑影响了员工收入,人心开始浮动。

既然定位为高档婚纱摄影领导品牌,就要改变从影像素材公司购买样板拍摄的传统业务模式,需要建立有自主知识产权的创意摄影研发团队,然而,这些高技术人才的薪酬十分惊人。

对于拍摄精度的要求提高了,许多摄影器材要更新添置。

即便自主研发出了很多创意婚纱摄影样板,要获得市场和客户的认可,仍然需要持续的营销和时间的积淀。

……

许多意想不到的困难接踵而至,考验着刘娟的意志力。自决意创新转型以来,刘娟有一年多时间都面临着没有营收、只有投入的局面,但这个外表柔弱的女子有着一颗坚强的心。这几年,她看着于东来一步步精简业态、做精做强,最后成长为零售业的标杆企业,就认定这条路是正确的,困难再多也决不放弃。她和公司高层反复沟通,阐述她的梦想、追求和决心,争取他们的认同和支持。

为了做原创风格的婚纱照，刘娟成立了创意团队研发主题，逐一勘察许昌的景点和古迹，构思着结合地域文化特色和国际时尚流行元素的原创婚纱摄影主题。刘娟还斥巨资在鄢陵花博园内新建了3 000平方米的高级实景拍摄基地，开发了200多处外景景观。

更值得称道的是，她和她的团队把"爱情"深深融入他们的创意摄影。不再要求刻意僵硬地摆拍，而是去捕捉情侣们眼神交汇的瞬间，照片中的主人公深情款款地对视，自然而然地相拥。

每一本婚纱影集里，还藏着父母长辈浓浓的"亲情"：

女儿，你长大了、结婚了，今后一定要做个好妻子、好媳妇、好母亲，经营好自己的家庭。

——妈妈

女儿，你结婚了、成家了，只要你们过得好，珍惜家庭，我们就放心了！

——爸爸

一个团队如果目标清晰、齐心协力，就能克服一切艰难险阻，迸发出无穷的创意和潜力！今天的台湾新新娘，真正兑现了"每款婚纱照都是原创"的承诺，赢得了顾客的高度认同，原先跑到郑州拍婚纱照的许昌顾客都回流了，甚至外地的情侣也纷纷赶来许昌。

胖东来也给予了台湾新新娘充分的肯定，胖东来的很多员工也都选择在台湾新新娘记录自己的幸福时刻。台湾新新娘浴火重生，与胖东来的理念更贴近了。刘娟这个奇女子让台湾新新娘和胖东来一样，成为许昌的又一张名片！

一生就专注做好这一件事

刘娟认为自己仅仅是走出了迈向成功的第一步："王老师，我并非过谦，我的头脑很清醒，胖东来和东来哥的榜样摆在那里呢！即便是成功也是初步的，我们也只是在技术和创意方面或者经营思路方面领先了一步。要说在企业文化建设、员工成长和激励等方面，和东来哥一比，我们真还差得太远。但这些还急不来。首先，我和我的团队在思想认识上要进一步提升，要有胸怀、有气度、有格局。其次，用清晰的文化理念去凝聚员工。好在东来哥就是我的老师，一直带着我们往前走，我真的觉得非常幸运。"

临别时，刘娟握着我的手说："让每一位身披婚纱的新娘都更幸福，这是我的使命。我会记住东来哥的话，一生就专注做好这一件事！"

我的眼眶有些湿润，联想起于东来《萤火虫的遐想》那篇微博："如果有更多的企业主能固守一业，不贪多求大，踏踏实实地把他那一方天地做好,做精做细,环境卫生、产品质量都是一流的,让顾客享受到一流的服务,那该多好啊!"

看似简单的一段文字,却是他对年轻时轻率进入多种业态的反思,他反反复复地说,想把自己所得的经验和教训分享给大家,"前人走过的弯路,后人不必重复去走"。说是战略思考也好,说是经营哲学也罢,我觉得这种理念的传播现在和未来都将惠及无数中小企业,意义深远!

大智若鱼:要做餐饮行业的幸福型企业

从许昌返沪,闺密见我又要伏案写作,就赶忙拉着我出去散散心。逛到午餐时分,为了图方便,我们就近去了西藏中路附近的一家餐馆。

落座,点餐。

候餐之际,我冒出一句:"还是许昌人民有口福啊!"

闺密盯着我打量了良久:"我说你是不是有点儿走火入魔啊?开口许昌,闭口胖东来。论市区面积,许昌只抵得上我们黄浦和徐汇两个区大,上海的餐饮海纳百川,中外菜系云集,许昌人比我们上海人有口福?言过其实!"

我笑了笑:"你知道我祖籍苏州吧?苏州可是个美食之

地。陆稿荐的酱肉，马咏斋的野味，采芝斋的虾子鲞鱼、朱鸿兴的爆鱼焖肉面，且不说热菜，这些冷盘、面食就已经享誉中外了。我没吃过猪肉，总见过猪跑，又岂会见识全无、信口胡说？上海吃的东西不少，可你现在吃得安心、吃得舒心吗？想安心，去高档餐厅，但简单一顿饭没个千儿八百下不来，太贵！小饭馆倒是便宜，但地沟油、瘦肉精、过期肉，防不胜防！更别提餐具消毒之类的问题了。吃饭，那叫一个闹心！"

那下面我们就来说说许昌的"吃"。

每家小店都可以有故事

在许昌，胖东来的生活广场和时代广场都配有餐饮超市，从价格低廉的小碟冷盘、各色面点、小火锅、鲜榨果汁到人均500元的日式铁板烧套餐（包含进口的法国鹅肝、牛排、明虾），食品种类应有尽有，客人有非常多的选择，而且所有的食材都有严格的验货标准和进货流程，让人吃得放心。

胖东来的环境卫生在整个商贸行业都是出了名的。商场的地面擦得光可鉴人，没有一丝污垢，餐饮区域的卫生就更仔细了，随时随地都有保洁员在擦拭。服务的贴心和对细节的关注也是一流的。标杆企业游学团队中有几位学员故意做了些测试。

（1）一名学员特意分3次将骨头、废纸、菜皮丢在地上，它们很快就会被捡起来，不论是负责哪个区域的服务人员，谁发现就谁捡，3次垃圾从丢下到被捡起的时间分别为70秒、15秒和50秒。

（2）两名学员向服务员提出，因为吃饱了，有两份已经购买的稀饭想退掉。服务员平静耐心地说需要请示，过了大约60秒，来了一名年轻漂亮的主管，态度温和地说，对不起，这类食品我们是一定不能再出售的，我们可以帮您打包。学员以来自外地为由，继续要求退款、不打包。她笑着说，要不我把钱退给您，算我请两位品尝。看着她如此诚恳，学员们赶紧笑着说，谢谢，我们不退了。

（3）有名学员点了一份炒鸡蛋，吃了快一半，招来另一名服务员说，菜口味不好，要退菜。服务员一会儿叫来了做菜的厨师，师傅身穿洁净的厨师制服，笑着问清情况，说可以给换道菜。学员故意不同意，继续要求退菜，师傅又说，可以退给您钱。学员当然笑着说，谢谢，我们不退了。

（4）带队的小李刚坐下，马上有服务员递过来一枚发卡，开心地说，姑娘，你吃饭的时候最好把头发夹起来，别吃进嘴里。这么一个小小的细节他们都注意到了，这让小李非常感动。

由于食品质量好、环境整洁卫生、服务贴心到位，东来美食城每天都人满为患,每逢节假日更是需要排长队等候。

于东来的梦想正在实现,许昌的食品、餐饮甚至更多的行业悄然发生着改变。不信,我带你看看一家叫大智若鱼的时尚火锅餐厅。

营业员那一声"姐"着实点醒了我

餐厅董事长王丹是位商贾之家的千金,父亲做了一辈子纺织品生意,鼎盛时期几乎垄断了整个郑州市的床上用品市场。虎父无犬女,王丹所学的也是经营管理专业,毕业后在郑州亚细亚商场就职,之后又在当时河南省唯一的五星级酒店裕达国贸饭店工作,并参与了高档商场裕达精品的筹建。

乍一接触,我就能感到她的职业素养——判断敏锐,能干强势,还带着点儿傲气。她的先生贾攀峰原先是学音乐的,温文尔雅。

王丹说,她原来的职业生涯规划是做一个优雅、有气质的高级白领,甚至通过自己的努力做到金领。可是由于家庭变故,更现实的问题变成了要考虑做一门什么样的生意才能更快地改变家里的经济状况。王丹开过一家服装店,也赚了不少钱,但她总觉得不踏实,心里空空的,觉得那不是她追求的目标。她后来转行做餐饮,并不是因为喜欢,而是觉得在人的生理需求中，吃是最重要的。人可以不住、不行、不玩，却不能不吃。

2004年6月，王丹多方筹措资金，终于在贾攀峰的老家许昌开了一家1 230平方米的火锅加盟店。王丹回忆起当初："不瞒您说，王老师，因为我此前任职的企业层次都比较高，酒店也是高档的燕鲍翅海鲜酒楼，又是从郑州来到许昌这样一个四线城市，开始我还真没把开一家小小的平价火锅店当成什么难事，况且当时我们店的装修环境在许昌是最好的，经营的产品'麻辣鱼火锅'在当地又是独一无二的。"

"可事实上，经营并不顺利，"贾攀峰接着说，"冬天本应是旺季，别家火锅店都爆满，而我们店却没几桌。特别是有一天，真让我们一辈子难忘，中午4桌，晚上14桌。要知道我们店总共62张餐台啊，虽然脸上没有表现出来，依然笑着在店里忙来忙去，但是心里的难受、痛苦只有自己知道，刻骨铭心哪。"

"心里烦闷，我就去胖东来逛商场，这是女人解忧的良方，"王丹说，"我曾经笑称拿胖东来当作许昌的旅游景点，因为许昌实在太小了，没什么地方可逛。进了商场，营业员那一声'姐'却着实点醒了我。我以前自傲，总觉得胖东来这样对顾客'哥''姐'相称很俗气、很土气，但眼看胖东来生意这么好，我们生意那么差，我才意识到要入乡随俗、放下身段，这绝对不是一个简单的称呼问题，这体现了顾客在你心里的位置,体现了你与顾客的关系。我们的店以前总给人阳春白雪的感觉,现在要变身下里巴人,拉近与顾客之间的距离。由于心态没摆正,以前对客人提的意见,我们总是归因于外。有客人提出我们味道做得不好,我就觉得是他们不会吃;有客人说我们的菜价高,我就觉得我们环境好,菜价高点儿是应该的;有客人提到我们对火锅的知识不精通,我就认为是在找碴儿。但当看见胖东来设置的 500 元投诉奖,我才知道客人给你提出改进意见是多大的福气,也真正找到了自己和于东来的差距。从那时起,我们就踏踏实实向胖东来学习了。"

追赶胖东来,火锅快跑

交谈中,我进一步了解到,王丹和贾攀峰夫妇后来从加盟到自创"大智若鱼",从一家店开到两家店,业务步步攀升,追随胖东来的脚步却从未停止。

"以前看胖东来,觉得他们的'以真品换真心'不过是句广告,"王丹说,"后来才发现他们能真正落到实处,用真心换来顾客的青睐。于是大智若鱼陆续推出了各种服务政策,不是直接降价优惠,而是诚信经营,让客人感觉到我们是真正站在他们的角度去考虑的。"

比如,大智若鱼在捞鱼称重时不用塑料袋,而用渔网,最大限度地沥干水分，计费的重量比起电子秤的显示重量只能轻、不能重。

又比如，以前是在后厨杀鱼，客人会担心鱼被调包了，现在大智若鱼专门设一个透明的杀鱼间，欢迎顾客亲自监督。

再比如，店内公布所有菜品装盘的标准重量，一旦发现分量不够，就给客人 3 倍菜价的现金补偿。

再举一例，"火锅快跑"是大智若鱼最有特色、最得人心的对客服务之一。它要求在 14 分钟内将一个鱼火锅制作上桌，如果超出 14 分钟，就给予客人一定的优惠幅度，这样客人就从不断催促变成了嘱咐"不用急、慢慢上"。

客人来店里吃饭，感到亲切、舒服、放心。这一切都源自于东来"以真品换真心"和"凡事抱吃亏态度"的经营理念。我们再来看看大智若鱼更多的改变。

食品安全

经营的初级阶段，只能做到选择好的原材料、选择品牌食品，之后是选择管理先进、商誉良好的品牌供应商，于是大智若鱼开始了和锦江现购自运公司（郑东新区商场）的合作。

麦德龙拥有完善的食品安全质量监督体系。通过麦咨达可追溯系统，商场内销售的两千余种食品的"身世"都有迹可循，从田地到餐桌的每一个操作细节，从何处来、如何成长、是否认证都有全程记录。而麦德龙针对HACCP（危害分析与关键控制点）的管理体系，能确保食品优质、卫生、新鲜，有着独一无二的食品安全之道。合作期间，麦德龙也派人给予一定的管理指导和帮助，对大智若鱼内部提升质量标准和提高行业竞争力起到了很大的作用。

王丹说，她当初在做选择时内心挣扎了好久，选择麦德龙确实需要很大的勇气，因为餐饮行业竞争激烈，降低成本、利润最大化是每个商家努力追求的目标，而选择麦德龙就意味着成本增高、利润降低，这不是每家企业都敢做的。但是如何让大智若鱼这个品牌的含金量更高？如何成为一家顾客真心喜爱的企业，而不仅仅是生意好？如何才能影响当地的餐饮同行向高品质化发展？如何才能突破目前的管理瓶颈，再上一个台阶？为了回答这些问题，她最终选择了麦德龙。

和麦德龙合作，大智若鱼收获了食品安全的保障、规范的管理模式、先进的管理理念，并得出了自己的经营心得——要保障食品安全，就要做玻璃般透明的企业，让客人深刻感到大智若鱼的菜品是行家之选。

菜品管理

大智若鱼在菜品结构上增加了更多时尚、前沿的创意元素。为了让食物品质再提高一个档次，店里制作火锅用的是纯净水,还引入一些港澳直供的蔬菜,饮品制作全部还原食材的本色本味。鱼火锅里不放任何添加剂和合成的调味品,养活鱼的鱼缸里也绝不使用孔雀石绿。

就餐环境

受胖东来时代广场启发,大智若鱼做成了一个现代、时尚的火锅餐厅,把传统中式、沉闷的就餐环境转变为西式、简洁、轻快的就餐环境。店堂的整洁和卫生标准都是参照胖东来时代广场的要求制定的。

服务细节

大智若鱼是许昌市第一家采用中央空调的自主餐饮企业,《许昌晨报》曾报道,"夏天去大智若鱼吃火锅,要记得带件外套"。很多细节上的创新,让大智若鱼给许昌餐饮业带来很大的轰动。自学习胖东来转型一年后,大智若鱼的生意开始好转,客人越来越多,两年后就开始每天都有等位的客人。

贾攀峰作为总经理主管运营,他说大智若鱼的业务目标是,"用最时尚的就餐环境和最好品质的菜品来赢得客人的认同"。

王丹是董事长,她有业务以外更高层次的考虑,她说在向胖东来学习的过程中越来越认识到:企业真正的核心竞争力应当是企业文化，所以打造一家"餐饮行业的幸福型企业"，让员工幸福、客人幸福、社会幸福，才是大智若鱼努力的方向和企业的目标。

在许昌，我还去过一家名叫"香草岸"的西式牛排店。店主是个 30 岁左右的小伙子，当过兵。他说："我这店就做人均 30～50 元的中档简餐，但我要在成本允许的范围内保证真材实料，环境要整洁卫生。在我们许昌，胖东来的榜样在那里摆着呢，大家都会自觉地按照他们的标准去做，否则你就没有立足之地！"

许昌的餐饮种类肯定没有上海丰富，但人们吃得安心，吃得放心，吃得舒心。许昌人民好口福，我的闺密，你信吗？反正我是信了！

于东来的非权力性影响力

2008 年以后，胖东来和于东来的影响力逐渐从许昌向外扩散，2012 年在整个零售业已经有了很高的知名度。这种影响力更是向其他的行业扩展，已经形成了跨行业、跨地域的全方位影响力。每天都有企业去胖东来学习考察，络绎不绝。自打我担任胖东来的文化、战略顾问以后，经常会有各种机构问我如何能到胖东来考察学习，期望能和于东来对话交流。

最低调的商业领袖

在我看来，于东来是个很低调的人。2013年4月25日，在我们认识的那一天，他就对我说起他的人生追求——做一名"爱的传道士"，他的心愿令我肃然起敬。

但他从不热衷于追求曝光率、公众知名度，也不刻意包装宣传自己。虽然是各类媒体关注和追逐的焦点人物，但他从不主动参加行业内外的各类评选活动，也极少接受媒体采访。他觉得眼下的这些论坛和会议，商业化太严重，和他想表达的理念相去甚远："参加十次，有八九次是不愉快的。"

他拒绝应酬，仅用微博发表自己的各种见解，大部分原因是他的几千名员工都在看他的微博，他把微博作为上下沟通和传播思想理念的重要渠道。

更有趣的是，于东来居然没有名片，记不住自己的手机号，也不接陌生电话。别人想要他的联系方式，他会满含歉意地说："一般的事你找人力资源部，网上有他们的联系电话，实在有事要找我，就在微博上给我留言吧，我能记住自己的微博名，找'胖东来于东来'就好。"

无论出席何种场合，他永远是休闲裤、圆领衫、运动鞋。

即便在公司近万人的大型会议庆典（2013年6月25日许昌"榜样的力量"七千人大会，2013年10月22日新乡"这八年我们一起走过"八千人庆典）上，他依然着装轻便地出现在聚光灯下。

他办公室的大门永远敞开着，如果有需要，员工也能借用来开会。其实他很少待在办公室，准确地说，2009年胖东来时代广场开业前，他根本就没有办公室。他喜欢在商场转悠，经常在超市收银台帮忙撑购物袋，巡店时一旦发现问题，随便找个场地叫上相关人员就把会开了。

不管年龄多大，他笑起来都如纯真的孩童。见过于东来的人，无不被他的笑容感染。公司上下其实没人叫他"于董"，惯常是叫"大哥""东来哥"，尊称就叫"老大"。

可如此低调的于东来，已成为中国零售业尤其是区域型中小零售企业的精神领袖之一。他脚穿运动鞋，走出了中国商界最神奇稳健的步伐。

非权力性影响力的四大要素

美国管理学家哈罗德·孔茨认为，"领导是一种影响力，是人在人际交往中影响和改变他人心理与行为的能力，是对人们施加影响的艺术或过程，从而使人们心甘情愿地、热心地为实现组织或群体的目标而努力"。

一般而言，领导者的影响力包括权力性影响力和非权力性影响力。领导者运用由上级组织赋予个人的领导权力对被领导者施以影响，就是权力性影响力；不由组织赋予，而由领导者的品格、能力、知识、情感等自身因素决定，不随领导者的职务权力大小而消长的影响力，就是非权力性影响力，具体表现为被领导者对领导者的敬佩、信赖、认同和服从等心态。

较之权力性影响力，非权力性影响力使人更自觉自愿、积极主动。于东来的非权力性影响力就是一个典型案例。

品格因素

它是构成非权力性影响力的首要因素。领导者优秀的品格会使人产生敬爱感，感染他人去模仿。有道是，"其身正，不令而行；其身不正，虽令不从"。

如果细数中国企业界的教父级人物，你会首推哪些人呢？答案肯定是柳传志、张瑞敏、任正非、马云、马化腾……

如果让你用一句话描述对他们最深刻的印象，恐怕会是柳传志的"搭班子，定战略，带队伍"，张瑞敏的"人单合一双赢模式"，任正非的"缔造狼性华为"……

那么，同样的问题，于东来留给大众最深刻的印象是什么？我想一定是"爱在胖东来"！一个"爱"字，体现着于东来的真性情，是他的品格中最亮的底色，所有的一切，包括机制、体制，都建立在"爱"的基础上，爱他的员工、爱他的顾客、爱他的供应商、爱一切相关和看似无关的人。

许多企业主的逻辑是：赚了更多的钱才能给员工涨工资。而于东来认为：爱、善良、舍得是一个好带头人的基因，不能等你发了财才去对员工好。

他有篇长微博叫《假如我是一个乞丐》，文中调侃道："假如我是一个乞丐，要到一元钱，买了一个馒头，也一定会分一半给我的同伴。所以我才能做丐帮帮主，才能做带头大哥！"正因为这品格中的"大爱"，他受到许许多多人的敬重、追随和爱戴。

能力因素

它是构成非权力性影响力的主要因素。能力反映在工作的结果上，通过实践来表现。一个有才能的领导者会给集体的事业带来成功，让人们对他产生敬佩感。敬佩感是一种心理磁力，吸引人们自觉地去接受他的影响。

于东来的商业才能是出类拔萃的，甚至可以说是一种天赋。他依靠"据点式作战、修炼式经营、内生式增长"的战略思想，引领胖东来，十年内从一家烟杂小店成长为许昌百货商超的龙头老大，和国内外商业巨头的近身竞争也未有败绩。

他以"商品的博物馆和商业的卢浮宫"为愿景继续指引着胖东来踏上新的征程，并向全社会昭告他的追求和梦想。在任何场合，他都满怀憧憬地宣称："我希望我们的企业能真正地越来越完善，企业将来的规模大小无所谓。有了正确的理念引领，这个企业每走10年，就会有持续的进步，有更高的信念追求。我只要活着，10年以后，胖东来一定有思想、有品位，是中国一个非常璀璨的企业，也许不大，但很精，人人都很快乐。再过20年，它会成为一家更有影响力的企业，它的影响不只是因为它的规模，更因为它的思想……"

胖东来官方网站上赫然写着：**解读胖东来，重要的不在于它为大家创造什么样的物质结果，而在于它所追求和分享的个性、快乐、自由的生活理念。**

知识因素

这也是构成非权力性影响力的重要因素。有知识的领导者，由于经验丰富、见多识广，不但会表现出很强的事务处理能力，而且容易取得人们的信任，并由此让员工产生信赖感，这会增强领导者的影响力。

于东来虽然学历不高，但在实战中积累的经验、积淀的知识却超越常人。这些知识已经转化为上一条因素——能力，在他的商业实践中得到了充分的展示。

感情因素

感人心者，莫先乎情。一位领导者若能平易近人、作风民主，时时体贴关怀下属，与大家的关系十分融洽，他的影响力往往就会很强，会产生"士为知己者死"的效果。

于东来和他所接触的人群之间的情感交融是显而易见的。于东来对生活的感悟之深远远超出了他在事业上的成功，他的某些商业哲学理论就源于他对人性和情感的解读。

以上这四点，最终造就了于东来如此广泛的非权力性影响力。

3

真正的
人性化管理

▼

于东来说:"在待遇方面,我从来没有认真算过给他们发多少合适,只是考虑他们一年能挣多少钱,办多少事。"

▶ 到访胖东来的企业家经常直接发问:"于总,我们很想知道,您是怎么分钱的?"于东来回答:我确实会分钱,但胖东来的成功并不是"钱散人聚"那么简单,它是一个完整的体系,那就是"人性化的企业文化+合理的机制和体制+有效的运营系统",其中人性化是关键、是核心。

把员工当作完整意义上的人

于东来的成功源于他能从人性的角度实施管理。他认为，管理就是要更好地调动员工的积极性，所以他**真正把员工当作完整意义上的人，而非获利的工具**。当他掏心掏肺地对员工好的时候，这种人性的力量给了他巨大的回馈。

企业界和管理学界对"人性化管理"或"人本管理"的探索由来已久。心理学家乔治·梅奥从 1924 年开始的霍桑实验颠覆了泰罗制管理理论，后又经过切斯特·巴纳德的现代组织理论、亚伯拉罕·马斯洛的需求层次理论、道格拉斯·麦格雷戈的 X 理论－Y 理论，再到彼得·德鲁克集大成的人本管理理论，直至丹尼尔·平克的驱动力 3.0 理论。

各时期的企业案例也数不胜数，但能像胖东来这样将人性化管理贯彻得如此出神入化的还不多见。

人与组织要均衡成长

彼得·德鲁克说:"每个组织,无论其是否为商业性的,都会形成自己的事业理论。一个清晰、一致和目标集中的有效理论是无比强大的。"

胖东来就是一家有"**事业理论**"的企业,于东来就是个"有主张"的企业家,在理论的指导下,胖东来有清晰的管理路径。

以马斯洛的需求层次理论为纵坐标

马斯洛把人的需求从低到高,分成生理需求、安全需求、社交需求、尊重需求、认知需求、审美需求和自我实现。自我实现需求又分为仅健康型自我实现与超越型自我实现,这是构成威廉·大内"Z理论"的重要研究成果。

人的各种需求像阶梯一样从低到高,逐级递升。追求更高层次的需求就成为行为的驱动力。人的需求层次反映了人的受教育程度和素质。人际关系理论认为,人是有心理需求的"社会人",而不是从事简单、重复作业的工具,也不是单纯追求经济利益的"经济人"。组织中的个人具有心理和社会需求，良好的人际关系有利于提振人们的工作士气，较高的工作士气则是影响生产率的重要因素，所以，管理必须以人为中心。

以巴纳德的现代组织理论为横坐标

现代组织理论的奠基人切斯特·巴纳德为现代管理思想注入了"人本"的内涵。巴纳德提出，现代社会已经是一个"组织"的社会，社会的主要成就依托于组织，人们必须依附于组织才能获得发展。本质意义上，组织是一个有意识地协调两个以上的人的活动或力量的系统。

在这种组织观下，人既被视为具有自由意志的独立的个人，又被视为与组织有联系的在时空因素影响下的组织人。于是，组织与人之间的关系变得很清楚：组织是一种抽象的存在，是一种关系，是独立于个人存在的一个看不见的系统，而人的贡献活动是组成这一系统的元素。

以马斯洛的需求层次理论为纵坐标，以巴纳德的现代组织理论为横坐标的关系表征，纵坐标是个人发展的需求，横坐标是组织发展的需求，或者是个人与组织的关系，这个关系包括四个方面：目标思维一致程度，个人在组织中的努力程度与贡献，组织对个人成长的重视，有效沟通。

德鲁克从"组织与人均衡"的视角建立完整的现代人本管理理论

德鲁克调和了巴纳德与马斯洛之间巨大的视角差异,完美地融合了社会、组织与人之间的关系。

人所追求的需求满足层次,可以反映该组织成员的受教育程度和基本素养;现代组织的关系协调程度,可以反映该组织的管理水准。一个组织要达到理想的目标,必须在逐步满足组织成员的高层次需求、提高组织成员素养和不断提升组织关系的协调能力上做出努力。

胖东来人性化管理的具体路径

于东来说,**企业家眼睛里要有"人"**。其一,是将人视为有独立意志的、个性自由的人;其二,是将人视为组织人,这构成了人性化的基本内涵。

我们来看看,在这一理论的指导下胖东来人性化管理的具体路径。

企业家的善恶基因

纵观人性学说的发展历程,可将其分为四类:性善论、性恶论、有善有恶论、无善无恶论。于东来持"有善有恶论"

的观点。

于东来认为,人的原始本性有善有恶,只是善恶所占比例不同。幼时,人受家庭环境、社会环境及后天教育影响,形成有善恶之分的人格特征。成年后,人有了自我意识,人性中有欲望、意志和理性。当理性能驾驭欲望和意志时,人性就能获得善,反之就是恶。

及至企业(组织),企业家掌握着较多的资源——资金、物质、人力,企业家的人性善恶对企业有明显的导向作用,决定着企业最终的发展,所以有必要对坐标原点(企业家的善恶基因)做测试分析。

要测试企业家的善恶基因,得看企业家如何认定"员工是什么"。员工是"获取利润的工具"?员工是有自由意志、独立的个体?不同的认定,会造就截然不同的企业和企业家行为。

如果认为员工是"获取利润的工具",企业家就会尽可能多地从员工身上榨取利润,即使是增加些许工资和福利,也是为了让员工更多地付出。企业家的善恶基因很可能是冷血、贪婪、独占。

如果认为员工是"有自由意志、独立的个体",企业家就会尊重员工。如果进而把员工视作家人、亲人,企业家就会对员工付出更多的关爱。

于东来的善恶基因一目了然,他曾自我剖析:我最基本的人性底色是"爱、善良、舍得"。

马斯洛的需求层次理论在胖东来人性化管理中的应用

也许,于东来并未刻意研究马斯洛的需求层次理论,但睿智和悟性让他把这个理论运用得得心应手。具备"爱、善良、舍得"的天然基因,随着企业能力的提升,于东来不断满足员工更高层次的需求,提升员工的素质。

充分满足员工衣食住的物质需求,让他们没有后顾之忧

1995年3月12日,胖东来的前身望月楼胖子店开业,营业面积仅40多平方米。当时,于东来负债30万元。

靠着真诚对待顾客,灵活经营,质优价廉,不知不觉中生意就红火起来。年底结算,一共赚了80万元,还完债,还余50万元。这个阶段,于东来是怎么对待员工的呢?他回忆道:"当时大概有10个员工,市场上的员工工资是每月200元左右,但胖子店的员工工资是每月1 000元,吃住都在店里,而且吃得很好,有肉有鱼,住得也挺好。过年还给各家送年货,反正不让员工有后顾之忧。年终,每个员工还能往家里拿1万多元,一年下来的工资在当时的农村能盖上四间房和一个小院子了。**我从来没有认真算过给他们发多少合适,只是考虑他们一年能挣多少钱,办多少事。**"

人类维持生存的最基本要求——衣食住行,于东来都给考虑到、解决了。

通过分股份的方式满足员工的安全与情感需求

当基本生存需求得到满足后,人们就会有新的需求,年轻人想有时间结交朋友、谈恋爱、结婚成家。随着胖东来的生意越做越大,员工的收入也越来越多。但那时大家都上整班,一天工作十几个小时,于是有些员工提出来想上半班,于东来逐步认识到工作不仅是为了生存,也是为了高质量地生活,所以工作不应该是生活的全部。

但是改上半班的话,员工的工资会少一半,一年下来就存不了几个钱。于东来为此很着急,他想多拿出点儿利润给员工涨工资,又怕年轻人管不好自己的钱。最终,他想到了解决方案——分股权!

那时是1999年,胖东来的年净利润才1700万元。于东来作股1000万,根据工龄、职位等按比例分了,公司也正式实行了半班制,坚持至今。这样既让员工有了财务上的安全感,又从时间上满足了员工对亲情、爱情、友情的情感需求。

充分肯定员工的贡献,让他们活得有尊严

于东来分股权,非常值得赞扬和肯定的有以下两点。

其一，他没有功利地把股权当作"金手铐"去留住关键人才，而是发自内心想对员工好一点儿。他很诚恳地说："毕竟我拥有的也差不多了，那就大伙儿共同致富吧！"

其二，于东来并没有把股权当作一种"恩赐"，他非常超前地认识到"劳动力权"的概念。

于东来分股份有他自己的理论依据。他在各种场合不断地说——**让创造财富的人分享财富**！他还放出狠话："老板们若是舍不得拿出 50% 的利润分给员工，那就别来胖东来学习了，来了也学不会！"

于东来认为，员工享受的股份是他们自己投入劳动力的成果，劳动力投入和资金投入是等价的。于东来在企业宣传片《寻梦者说》中大声疾呼："我希望你们成为这个企业的主人！"

很多去胖东来考察的参访者对胖东来员工的自信都深有体会，这份自信就源于他们从企业中获得的尊重。

倡导"工匠精神"，让员工热爱和专注于自己的工作

人最高层次的需求是自我实现。人们的成就感主要源于承担重要而有意义的工作，在其中感觉到自己的存在价值，真正体验到自我实现的快乐。

于东来在微博上说："如果我们的能力达到三星以上工匠

标准，我们的经营就不是在等顾客，而是顾客主动找你，因为你具备了让顾客爱你、信任你的能力，你的工作不是经营，而是在创造快乐、创造幸福！"

胖东来通过"星级员工评定"设置员工成长通道，要求员工通过努力学习成为岗位或品类专家。2013年6月25日，胖东来举办了"榜样的力量"大型表彰晚会，为12位连续两年获得"三星级员工"称号的榜样人物每个人制作了一段精彩的视频。星级员工不是终身制的，这让所有的人既有通过努力攀登高峰的机会，又有不努力就落后的危机感。

通过上述案例的分析，我们从纵向维度上看到：胖东来根据自身综合能力的发展，不断满足员工更高层次的需求，既有效提升了员工整体的综合素质，又激发和释放出员工巨大的热情、潜力和创造力。

胖东来不但为员工做职业发展规划，让员工成为各个领域的专家，获得事业上的成就感，还为员工做人生规划，帮助他们制定理财规划和生活标准，带领员工追求个性、自由、乐观、自信的人生，让更多员工升华到懂生活、会生活的状态。

以人本心理学为基础，马斯洛确立了人本管理思想的核心。管理的主体是人，管理的目标是激发人们的心灵、需要、想象力和创造力，管理的方法应该采取人本模式，而不仅仅从技术层面入手。组织的工作安排要顺应人性，如果工作本身能够满足人们的需要，能够帮助人们确立存在价值，实现自我超越，那么人们的创造性就会被激发出来，人们甚至能发挥出超能力，人人都可以成为工作狂，这对人性的发展和组织目标的实现很有益处。

胖东来这一案例，为马斯洛上述理论的有效性和实践性做了有力的注脚。

巴纳德现代组织理论在胖东来人性化管理中的有效应用

于东来首先对胖东来的企业（组织）性质做了一个界定，他认为胖东来并不是一家纯粹的商业机构，除了让顾客享受优质的服务和现代化购物的快乐，更是一个让所有人学习和成长的平台。这符合切斯特·巴纳德基于社会系统视角的"组织人"概念。

巴纳德提出"现代组织有效管理"的三要素：共同的目标、协作的意愿和信息的交流。它们也是组织存在的充要条件。巴纳德指出，现代组织理论强调的效率概念不是指生产作业的效率，也不是指投入与产出的效率，而是激发组织成员的协作意愿，使他们乐意付出和贡献。

建立共同的目标

组织目标是指一个组织未来一段时间内要达成的愿景。

它是管理者和组织成员的行动指南，是组织决策、效率评价、协调和考核的基本依据。同时，组织目标必须经组织成员共同认可，这样才能形成凝聚力和执行力。

在建立共同的目标方面，胖东来一直做得卓有成效，针对不同的发展阶段，提出切实可行的企业目标。未来一个阶段，胖东来的企业目标是做成商品的博物馆、商业的卢浮宫，达到世界一流标准，也许不是最大，但一定是最快乐的！为达成这样一个目标，胖东来需要培养100位工匠（岗位和品类专家），员工也因此有了和企业目标一致的个人目标和成长方向。

激发协作的意愿

德鲁克强调，任何组织都必须将每个成员的努力融汇成一种共同的努力，将每个成员的贡献融汇成一个整体的绩效。

接触过胖东来员工的人，都对他们强烈的协作意愿留下深刻的印象。胖东来在激发员工协作的意愿方面颇有心得，这部分内容将在"驱动力"相关章节加以详述。

加强信息的交流

对于信息的交流，更通俗的管理术语叫"有效沟通"：
有效沟通有利于实现组织目标——员工知道要干什么；

有效沟通有利于提高管理效能——员工知道该怎么干；

有效沟通有利于促进决策科学化——为决策者提供来自一线的真实情况；

有效沟通有利于创造良好的工作氛围——在和谐的氛围中提高管理效能；

有效沟通是增强核心竞争力的必要前提和基础——将企业愿景、使命、价值观准确地传达给员工。

胖东来内部的信息交流是全方位的、立体化的。

首先，通过于东来的微博。于东来想什么、倡导什么、反对什么，员工第一时间就能知道。员工和顾客的意见、建议也能通过于东来的微博平台第一时间与最高管理者沟通、交流。

举例来说，2014年4月19日，于东来发布了两条微博。

任何部门对新品调整都要非常谨慎、认真地对待，做好前期了解、评估，特色方面只能更好地提升卖场的形象，品质必须更有保障，保证顾客的认知度，各部门必须认真做好当下的工作，决不能盲目扩大分类与品种。

认认真真把当下的工作做好，把现有的商品品类和单品品质做好，培养做一件事就做好一件事的习惯，这才是做事的精神。各部门、各岗位领导切记。

其次，通过胖东来官方网站。这是我关注过的企业官方网站中更新最及时、维护最用心的网站之一,员工和客户都能通过胖东来官方网站了解它的最新工作进展。

最后,通过内刊《胖东来人》。《胖东来人》创办于2001年4月12日,经过3次改版,发展成如今内容更广、可读性更强的24版彩色读物。每期《胖东来人》都会发至每个员工手中,它变成企业内部增进交流、传播快乐的平台,也是学习专业知识、了解商品信息的窗口。

最特别的就是胖东来的平安短信。胖东来管理制度中有一项,员工下班回家,无论多晚都要给其主管发一个平安短信。管理人员职责中一项重要的工作就是经常找员工聊天,了解员工的家庭情况:谁家孩子多大了,有没有人带?哪家老人生病了?哪个小伙还没有谈恋爱?之后,及时给予帮助和安抚。

要将传统组织改造为现代组织,就必须明确组织的目标(包括权力结构和决策机制),明确组织的动力结构(即激励机制),明确组织内部的信息沟通机制。胖东来在这三方面都做得很不错,所以它管理"人的活动关系组成的系统"的能力指标就能不断提升,管理高效,得心应手。

德鲁克人本管理思想在胖东来人性化管理中的有效应用

马斯洛将心理学的研究成果应用于管理理论,突出重视人性、人的需求、人的存在价值和自我实现，这可以被称为"心理层面的人本管理"。巴纳德的组织理论则开辟了管理研究的新时代，使人们认识到管理的对象是组织，组织是"人"的组织，不认识组织则无法进行管理，巴纳德的理论可以被称为"组织层面的人本管理"。

德鲁克融合了巴纳德与马斯洛巨大的视角差异，融合了社会、组织与人的巧妙构思，成为人本管理思想的"集大成者"。他认为，一个能够正常运行的社会，首先必须把人放在第一位，必须满足人的基本诉求，这是建立一个新社会必须确立的核心观念和基本原则。同时，他指出，管理的首要任务是管理一家企业，也就是管理一个组织，而管理一个组织最重要的是确立其存在的目的和使命，确立其存在对社会的贡献价值。

"心理层面的人本管理"和"组织层面的人本管理"相融合，两者就会相互促进、共同提升。胖东来在心理层面的人本管理上不断提升员工的素质，强化员工协作的意愿，使得"人的活动关系组成的系统"更为协调有效。而有效实施组织层面的人本管理，反过来促进"人的活动关系组成的系统"中各类人群的需求满足和素质提升。以胖东来为例：

胖东来顾客群体的个人素质、审美能力、理性化程度都会在胖东来这样的环境和氛围中得到提升；

在合作过程中，为胖东来供货的供应商在商品质量、管理水准、信守承诺和契约等方面也会得到提升；

胖东来的加盟企业在关爱和善待员工方面的提升是毫无疑问的。

这样的良性循环使胖东来各级员工的能力和素质处于持续提升的状态，和上下游企业、顾客、社区的关系越来越和谐，企业的持续成长是必然的（见表2）。

表2　人、人的活动、人的活动关系组成的系统在胖东来平台上的表现

人	顾客	员工	供应商	加盟企业
人的活动	购物	工作	供货	商业合作
人的活动关系组成的系统	在胖东来购物	为胖东来顾客服务	为胖东来供货	和胖东来合作
	放心、快乐地购物	提供专业、贴心的服务	尊重、合作、共同进步	

于东来曾说："现在，我给我们的团队打多少分呢？100分制的话，我打5分，如果将来我们提升到50分，我们时代广场现在一年的销售额是17亿元，不说增长10倍，就说5倍，那会是多少呢？当我们的能力提升了，商品价格更实在了，失误更少了，竞争力更强了，顾客更满意了，（单店年销售额）30亿元是一点儿问题也没有的……"

每个企业家都应该像于东来一样,有自己的"主张";每家企业都应该像胖东来一样,有一套适合自己的事业理论,并在这套事业理论的指引下找到自己的管理路径。实际上,胖东来的企业平台就是一所商学院,培养专业能力,传播处世道理,成就完美人生,推动社会进步!

让创造财富的人分享财富

"高工资、高福利"可能是胖东来最受热议的一个话题。于东来对这一点也很引以为傲,他明确告诉我,胖东来员工的工资应该是当地平均工资的两倍还多。于东来"分钱"的能力在中国零售业是出了名的,很多考察胖东来的企业家也非常愿意向于东来学习如何分钱。

在"2012全国连锁商业总裁年会暨第十届中小连锁企业战略发展研讨会"上,黑龙江比优特商业集团有限公司董事长孟繁中说:"我们的员工特别希望我到胖东来学习,因为每次学习回去以后,我都给我们的员工涨工资。两年前,我们到东来的时代广场学习,因为我们也买了一块地,建了8万平方米的商场。东来接待了我们,给我们讲了很多。第二天我做了一个决定,给我们的员工涨工资,当天就打电话,让家里落实。为什么这么做？当时我心里有一个想法，我觉得到东来这儿学，跟东来到底学会了什么？我从东来身上领悟到了，老板要对员工好。所以那天定完这个决策以后，我就调整了我们员工的工资。"

虽然此次研讨会的主题是"让员工永远快乐幸福"，但说着说着，话题就聚焦到给员工涨工资上了。那么，"让员工永远幸福"就是给员工涨工资吗？于东来的分钱不单纯是对员工好，这更是他对是谁创造了世界的正确认识和对奋斗目标的深刻理解。

于东来分的是什么钱？

于东来分的钱分为两部分，一部分是工资，另一部分是剩余利润。

工资，是指雇主或用人单位依据法律和行业规定，或根据与员工之间的约定，以货币形式对员工的劳动所支付的报酬，是员工获得的劳动收入。工资报酬不包括剩余利润的分配。

剩余利润，是指公司一定时期的税后利润在弥补往年亏损、提取公积金和法定公益金后所剩下的收益。有限责任公司按照股东出资的比例、股份有限公司按照股东持有股份的比例，将剩余利润分配给投资者。

给够"基线工资"

于东来说:"在待遇方面,我从来没有认真算过给他们发多少合适,只是考虑他们一年能挣多少钱,办多少事。如果能干上几年,挣几万元,在当时盖房、结婚不都能解决了?还能孝敬父母些。"

他又说:"必须保证普通人最基本的生存权,总之,不让员工有生活上的后顾之忧。"

于东来说的这个工资在西方管理理论中被称为"基线报酬",代表报酬底线的工资、劳务费、福利以及一些额外收入。如果一个人的基线报酬过低,不足以保障其基本生存需求,他的关注点就会放在组织的不公上,他会对环境感到焦虑。

共享剩余利润

于东来说:"要让创造财富的人分享财富。"这句看似平常的话背后却大有深意。他还说:"我觉得最好的方法是50%是股东的,50%是在一线劳动的这些人的,我们的制度一定要合理。"这又有什么依据吗?

于东来从1999年开始酝酿分股份的事,他说:"分了股份,他们会更用心地去做,因为他们也是企业的主人了。"员工究竟是不是企业的主人,近年来颇有争议,此处暂且不予评说,但起码于东来的观点是明晰的,其中牵涉几个很重要的概念。

劳动力权

关于劳动力权,我征询过不少企业家,知之者甚少。

在社会化大生产中,劳动力和资本是两个最基本的生产要素,企业作为两者的有机结合形式,构成了当今社会的基本经济单位。企业是劳动者与生产资料相结合进行社会化生产并力求盈利的经济组织,它也是生产资料的所有者进行投资活动、劳动力的所有者投入劳动力创造财富的组织。两者应该对合作的成本及收益进行分配。

劳动者是人格化的劳动力,它是任何劳动过程中初始的、先导的、能动的、不可或缺的要素。劳动力的分配方式主要取决于劳动力的使用方式。自资本主义生产方式出现以来,劳动力的使用方式主要经历了以下两个阶段。

第一个阶段是劳动力的商品经营阶段。在资本主义条件下,劳动者因丧失了全部生产资料,不得不将自己的劳动力当作商品出卖给资本家,劳动力虽然摆脱了对身份的依附,却陷入了对资本的依附。

第二个阶段是劳动力的资本经营阶段。在知识经济条件下,劳动力的使用开始突破商品属性,发动了产权革命,劳动力被视为人力资本,它们与物质资本一样都是企业的要素,企业是两者的结合体。劳动力的人格化代表与资本的人格化代表都应该分享企业的治理权与剩余权。

在制度化的今天，投资者将其物质资本投入企业，换取了可以获得企业治理权与剩余权的资本权（股权等）。同理，劳动者将其劳动力（人力资本）投入企业，也应换取可以获得企业治理权与剩余权的劳动力权。劳动力权的概念由此诞生。

随着知识经济的快速发展，人力资本在生产要素中的地位日益提升，甚至成为关键因素，传统的资本雇佣劳动制度逐渐转变成了劳动雇佣资本制度（拥有知识产权的人力资本寻找各类资金的支持）。资本只有依附于高知识含量的人力资本才能实现增值。在此背景下，企业契约理论及人力资本理论得以兴起。

现代企业契约理论认为，企业并非只是股东的企业，也是一种由人力资本和非人力资本所组成的特殊契约组织。管理者和职工都是劳动力产权的主体。劳动者向企业投入劳动力，不仅是一种劳动行为，而且是一种投资行为。劳动者不仅应该获得劳动收入，而且应该像公司其他的投资人一样获得产权收益。

"让创造财富的人分享财富"的理论依据正是"劳动力权理论"。有了这样的认识，企业主才不会把涨薪、分红当作一种恩赐，员工才会提高积极性和创造性，投资者和员工之间真正的人格平等和相互尊重才能得以实现。

劳动力权的内容

劳动力权的主要内容有劳动权、治理权、剩余激励权和社会保障权。关于治理权，我们将在后面的章节中详述。

在我国，剩余利润的分配由企业投资人和员工按各自的贡献程度协商决定。于东来的"50/50"论认为，货币资本和人力资本对企业增值有同等贡献，表达了他对员工贡献的充分认同和尊重。所以后来，他把自己的持股分红比例降到了10%。

胖东来的股权分配体系

在"2012全国连锁商业总裁年会暨第十届中小连锁企业战略发展研讨会"上，于东来在谈如何分钱时强调："要建造一个相对公平的环境，政策不能随意去制定……我们的制度一定要合理，只有合理，我们请的人、雇的人才能在这里感觉到快乐，感觉到放心，我们才能更好地合作。"

我们再回顾一下于东来的管理体系，即人性化的企业文化+合理的机制和体制+有效的运营系统。

何谓"机制"？

在企业范畴，它指的是各部门相互作用和相互制约的关系。企业的机制建设包括两个方面。

一方面是建立组织架构。胖东来的组织架构分为前勤操作系统（业务）和后勤支持系统（管理），前勤操作系统采用"类事业部矩阵制"模式，同时强调业务要在管理指引下开展工作，即所有前勤的工作标准都是在胖东来的大人力资源部统筹制定、督促检查下执行的，这样才能造就一家管理型企业。反之，经营行为由前勤说了算，那就不可避免地会出现一些短期行为，危害企业的长远健康发展。胖东来实行的是大人力资源部制，人力资源部负责整个集团公司的招聘、培训、考核、奖惩、制度和政策制定，是胖东来最核心的管理部门。但是该部门精简高效，连宣教部合并计算，才14个人。

另一方面则是制定制度。胖东来的整个制度体系独具特色，皆由人力资源部统筹制定，在人性化企业文化的指导下，遵循"激发员工内驱力的柔性管理＋严格的制度刚性管理"原则。我将另起篇幅，详细阐述胖东来的制度建设。

何谓"体制"？

主要指企业所有权的问题，通俗地说就是怎样分蛋糕。这也是到胖东来学习的企业家特别关注的地方。

前面已经介绍过，1999年底，于东来开始考虑给员工分股份，那时胖东来旗下已经有了7家连锁超市和一家鞋业量贩店。

从第一家分店——胖东来五一店开始,对于新开的店,于东来就放手让他们自主经营,当时分店店长的年薪已经有十几万元了。

开始股份制改革,实际上就是遵循劳动力权理论,充分肯定劳动者创造的价值,让他们分享企业治理权与剩余权。股权设置按说是非常专业的事,但胖东来的股权设置方案却是于东来牵头做出的,人们都说于东来"会分钱",他也确实有点儿无师自通的味道。

胖东来股权设置方案的核心内容是实行"岗位股权制"(员工不出资持股)。股份不是固定的,而是随着员工能力、岗位的变化而变动,胖东来的用人原则中非常突出的一点是能上能下。这样就让股权始终掌握在能为企业创造较大利益的核心员工的手中,保证企业旺盛的生命力。在企业发展过程中有资金需求时,员工可以将岗位股权收益转换成资金股权,可以永久享受资金股权的收益。

该方案着重强调"岗位股",明确了股权收益与岗位价值的高度相关性,即强调岗位的重要性而削弱个人的作用。同时,这种体制的重要价值体现为让货币资本和人力资本融为一体。股权收益是胖东来员工总体收入中非常关键和重要的组成部分。这样就创造了一个让员工用自己的劳动和才能参与公司治理、分享利润的模式,将员工利益与企业前途紧密结合起来,从而激励核心员工。

何谓"合理性"?

胖东来人性化的人力资源管理模式体现在股权分配上,谓之"股"随"岗"走。它的合理性在于:员工的岗位职级越高责任越大,风险和挑战也越大,若能有效履职,所做的贡献就越大,其股权收益相应也越多。

何谓"公平性"?

对于胖东来这样一个员工普遍学历不太高的企业,如何才能更好地体现公平性呢?

其一,公平的成长通道。胖东来人力资源部为员工设置了四种成长通道,分别是管理人员、星级经营人员(一线管理人员)、星级员工(一线服务人员)、技术明星(后勤技术保障人员),各类型员工都有机会因努力得到晋升。

其二,不重学历、重态度。胖东来并不太注重学历,而是看重员工的态度和能力。有积极的学习和工作态度就能快速成长,如果能力满足相应的岗位要求,员工就有可能获得晋升。

其三,公平、公正的考核机制。人力资源部要保证对员工的岗位胜任程度做出有效、正确的评价。

我给大家讲讲珠宝部恒垒成的故事。恒垒成,生于1977年,中专学历,计算机专业。2003年10月,他入职胖东来生活广场,当了6年保安。

2009年，胖东来时代广场建成开业，新设立的"东来珠宝"专柜需要售后服务人员，恒垒成报名后被安排跟着外聘的指导老师学习。因为喜爱，所以钻研。恒垒成仅用了一个月就掌握了基本的珠宝清洗、维修技术，这种专注、努力的学习态度得到人力资源部的认可，之后他被送到武汉大学地质系珠宝专业学习，拿到了珠宝鉴定师资格证书。

由于"东来珠宝"专柜能提供免费的鉴定、清洗和维修服务，顾客购买贵重饰品时就多了一份放心。因此，日营业额从刚开业时的100万元上升到1 000万元（2014年）。

从保安转岗成为珠宝鉴定师后，恒垒成为"东来珠宝"的绩效提升做出了积极贡献，他的月收入大幅提升。他在胖东来的前途可谓一片光明。

同样的故事也发生在人力资源部。1985年出生的金瑞虎，初中文化，2002年5月入职胖东来生活广场，从保安做起，后来负责胖东来员工的日常考核工作。1986年出生的龚鹏举，计算机工程专业专科毕业，2009年6月入职胖东来时代广场，一开始也是当保安，后来成为内刊《胖东来人》的负责人。

其四，胖东来值班店长制。胖东来时代广场是胖东来集团的核心门店，时代广场的店长自然也是个举足轻重的岗位，但实际上除了店长，时代广场还有13位值班店长。每天的工作由店长和一名轮值的值班店长负责。这13位值班店长都在下一级部门任正职。

值班店长制的作用是培养、考察后备管理人员。胖东来提供广阔的舞台让这些后备管理人员在实践中施展自己的才华,所以胖东来不需要空降兵,长期浸润在企业文化中成长起来的后备管理人才十分充裕。人力资源部对每个人的情况都非常了解,需要调整时,这些人才随时能上能下,关键员工始终出现在关键岗位上。

这种值班店长制还延伸到企业的每一层级,而一线的主管岗位则采用竞聘制度,参加竞聘的人要做竞聘报告,听取本部门员工的意见,综合评定后由人力资源部正式聘任。胖东来岗位聘任制的公平性保证了岗位股权制的公平性。

胖东来的员工高度敬业,让很多企业都很佩服。而能做到这一点,跟企业的股权制度有着必然的联系。企业要想真正做到可持续发展,就必须把员工放在第一位。人力资本重于货币资本的理念,在知识密集型行业首先得到印证。在服务行业,人力资本的重要性也日益凸显。就零售贸易企业而言,硬件环境、商品品类、价格体系等都可以一样,唯一不同的就是为顾客提供服务的人。让人力资本和货币资本有机地结合起来,是于东来的一种尝试,而实践证明,这种尝试是有一定可复制性、可操作性的。

有些企业之所以在"分钱"问题上始终做不好,有以下几个原因：人力资本和货币资本的共同作用才能使企业产生增量利益，企业对这一点没有足够的认识；对因劳动力投入而创造的价值增量，企业并不知道人力资本享有剩余利润权；企业创始人或领导人的境界不够高、胸怀不够大，放不下自身利益。

就像于东来在微博中所说的："现在很多企业家或老板赚再多的钱也觉得少，赚再多的钱宁可赌博挥霍也舍不得给下面员工多发一些。这样的思想状态一定会伤害社会、伤害自己和家人，没有社会的幸福绝对不会有个人长久的幸福。"

人有多大的胸怀，就干多大的事业。而企业的胸怀往往决定着它的发展之路。其实，只有相关利益者均衡收益，才能真正实现可持续收益，只有与更多人命运相关的事业，才是真正可持续的事业。

以胖东来时代广场为例，自2009年开业以来，在执行周二店休、春节放假、员工年休假的前提下，时代广场的销售额持续保持15%的增速。你瞧瞧，员工蕴藏着多么大的潜力和创造力。

在企业成长的过程中，于东来的股份看似不断被稀释，但是企业和员工的财富却在不断增加，核心员工更加忠贞不渝。可以说，于东来的大智慧、大视野、大格局、大胸怀成就了今天的胖东来。

于东来：我怎么分配财富

〔摘自于东来微博〕

随着国家的改革开放、环境的变化和机会的增多，很多人因国家的政策和自身的努力逐步先富了起来。改革的初衷是让先富起来的人带动大家努力地付出创造，让更多的人从贫困中解脱出来，让老百姓过上更好的生活。

的确，我们的社会有了很大进步，经济有了很大发展，但很多人身上高尚的价值并没有真正体现出来，更多人是在单一地崇拜物质和功利。有些人忘记了自身宝贵善良的精神财富，忘记了自己也是从贫穷一步一步辛辛苦苦走过来的人，忘记了自己贫穷的时候是多么需要得到尊重、鼓励、温暖、认可和帮助，自己完全沉迷于暂时的成功、喜悦和享乐，看到的更多是自我高大和自我欣赏的一面。有些人为了功利，不得不降低自己的人格去取悦别人，虚伪痛苦地为面子而活，也得不到人们发自内心的尊敬和认可，因而陷入无奈和迷茫。

如果我们每个先富起来的人、每个企业家都能让自己善良的一面得到体现，在爱自己、尊重自己的同时也爱我们的员工、尊重我们的员工、造福我们的员工，让大家都能过上轻松幸福的生活，我们都尊重普普通通的老百姓，尊重我们的社会，热爱我们的国家，带着这种责任和使命，在分享自己的快乐的同时也能让更多的人感受到温暖、尊重、爱和幸福。只有让员工看到未来、看到希望，让老百姓看到未来、看到希望，我们的社会才会更安定和谐，我们的国家才会更强大美好，我们自己才会更幸福，才能得到更多人的爱戴和尊敬，也才能为更多人做个好榜样，让更多人分享我们的经验和智慧，这样我们的生命才能更有价值、更有意义。

我建议，企业在保障工资的基础上至少拿出50%的净利润回馈给创造这些财富的员工和管理人员，按他们的付出合理分配，或发奖金，或增加到每个月的工资上，无论用哪种形式，只要能让员工得到就行，以50%的净利润回馈股东才是合理的、公平的。这样你的团队会更用心、更有凝聚力和执行力，因为大家都感受到温暖，看到希望，分享幸福的收获。这样我们不但能造福更多的人，也能为国家的发展和进步贡献自己的潜能和才华。我们希望更多有责任心的爱国人士共同推动国家的健康发展。

我们从1999年开始按照这个理念分配企业的财富，这十几年坚守着这种信念一路走来，我基本没有了胖东来的股份分配，所以才有今天的胖东来，所以我们感受到了很多纯洁的爱和温暖，所以我们感受到了很多的快乐和幸福！无论我们身上有多少不足，有多少缺点，最起码我们是相对真实的，是不断进步的。

激励,不仅仅是"财散人聚"这么简单

企业无论规模大小,员工激励都是管理的焦点。但凡去过胖东来的人,无论是顾客还是同行,都对胖东来员工高度的敬业精神留下深刻印象,这样的员工状态可以说是每个企业家梦寐以求的。胖东来凭什么做到这一点,成了大家都想弄明白的问题。

中国零售业的一份统计资料显示:2008年,胖东来的坪效、人均销售额、人均利润等核心指标在全国民营商业企业中均排名靠前。自此,业内外对胖东来的考察、学习就没有停止过。至于向于东来学什么、怎么学,却似乎始终没个头绪。很多人把关注点放在胖东来的高工资、高福利上,迫切想知道东来是如何分钱的。

"在确保基本工资能保障普通人基本生存权的基础上,营造一个相对公平的环境,制定一套合理的分配体制。"于东来的这一观点,我已经在前面做了较为详细的说明。

于东来认为,这不仅仅是"财散人聚"这么简单,物质带来的感动和感激不能长久,因为没有绝对的公平。如果单纯追求物质,就会引发矛盾,甚至不同岗位之间的薪资差别也会引起嫉妒和不满。要在员工的心灵上撒下爱的种子,要告诉员工我们是为了生活得更美好而工作,要有爱,要善良,努力做好人，造福社会。于东来经常与员工交流的不是如何经营企业，怎么卖东西，而是活着的意义。

如果工资、福利、股权都只是激励员工的基础，那么胖东来有效激励员工的体系还包含什么？

胖东来的驱动力

胖东来等企业的成功实践，为管理学者提供了极佳的研究样本。他们运用实证性的研究方法，在调研、分析了大量类似的成功案例后，提炼出具有普适性的管理理论，这些理论又为更多的企业家指明了前行的方向。

于东来也许并未完整读过美国趋势专家丹尼尔·平克的《驱动力》一书，但他已经在自己的管理实践中很好地运用了该书提及的"驱动力3.0"这一驱动（激励）模式。

目的——超越自身的渴望

在不拒绝利润的同时，驱动力强调的是目的最大化。于东来经常在各种场合首先发问：我们做生意到底是为了什么？当然，他是要通过这种形式传播自己的想法和理念，但确实也促使听众去接受这样的"目的拷问"。

也许，我们当年是因为下岗而不得不去做生意，或是跟着形势稀里糊涂下了海。但当企业发展得不错，我们却还在为销售额、毛利、扩张等问题费尽心机、忙碌奔波时，静下心来深思一下，我们就会发现这个看似简单的问题实际上很难回答。

对于这个问题，100个人可能有100个答案，至于于东来，他是这样回答的："和一大群志同道合的伙伴一起，打造一个快乐的团队，用自己的辛勤劳动和聪明智慧去开创事业、发展事业、创造财富，是一件充满激情的事情。我们的事业也许不是最大的，但我们一定要尽全力把它做成最好的、最快乐的。在做事创业的过程中，我们为自己设定一个个目标，并通过大家的努力去实现它。在为目标奋斗的过程中，我们也不忽视一路上的好景色，尽情地去体会、享受和品味过程。就像爬山，有的人排着整齐的队伍，沿着大道前进；有的人沿着崎岖的山路，唱着歌，边玩边爬，一样也能登上山顶。人生本来就是一个过程，值得我们好好珍惜！"

他希望胖东来的员工也以此为目的。但目的最大化的前提，是要给予员工实现目的的平台。让企业的目的和员工的目的高度融合，让企业成为员工实现自己目的的平台。

于东来希望经过一二十年的努力，让胖东来成为商品的博物馆和商业的卢浮宫，成为一家非常有影响力的企业，不一定很大，但一定很快乐。为了实现这个梦想，胖东来要培养

100名工匠级的人才。

胖东来的星级员工考核制度给员工建立了成长的通道，现在达到的最高等级是三星级，希望员工能逐年达到四星级和五星级的标准。

于东来满怀憧憬地说："提高员工的专业水准是胖东来坚定不移的目标，我希望5年后，所有的员工都能达到三星级水平，再经过一二十年的努力，更多的人能达到四星、五星级，其中起码还会有5名'马未都级'的专家！比如拿来一块玉石，一看就知道是哪个朝代的，代表什么文化，为什么要这样雕刻，当时那个朝代的体制、思潮、民风是什么样子的。"

"马未都级"的专家？还是5名？我希望自己没有听错。在胖东来这个平台上，员工只要努力就可以实现自己的事业梦想，这一点是确凿无疑的。

目的激励是胖东来的驱动力之一。

自主——我做什么，我决定

在胖东来，我们把自主分成"自主经营"和"自主管理"两个部分。

于东来在微博中不止一次地说"我是个爱操心的人"。于东来确实爱操心，他似乎总在思考些什么，却不爱揽权，他对自己有明确的定位。2006年11月25日，他写道："让我的工作为基层增添更多的激情和活力,激励所有胖东来人为了更高的目标而勇往直前!"

他操心的是那些关乎企业未来发展的大事,比如企业文化、发展方向和战略、政策。在经营方面,他为管理团队提供指导和服务,为一线员工提供支持。

自主经营

从1997年10月1日胖东来的第一家分店五一路分店开业以来,于东来就一直秉持"自主经营"的思想。他给予店长很大的经营自主权,怎么经营、卖什么货、用什么人统统是店长说了算。也是从那个时候起,于东来逐步加大和员工分享财富的力度,根据经营状况,一名店长的年薪可高达十几万元,而当时许昌的平均月工资仅为200元左右。

于东来管的是文化。"以真品换真心""遇事抱吃亏的态度""你心我心,将心比心""做有爱有快乐的生意"……这些至今在胖东来文化中大放异彩的文化基因,皆是于东来的原创。

于东来管的是政策。胖东来下属所有门店执行"不满意就退货"的政策,推出"免费干洗、熨烫、缝边"等超值服务项目,设立500元服务投诉奖以完善顾客监督,这些超前的政策也是在于东来的指导下制定的。

于东来负责的另一件事就是为管理团队提供支持。胖东来新乡区域的总经理叫黄瑞娟,当初胖东来进驻新乡时,她是服饰部门的主管。可能是刚进入一个新的区域市场,前期的市场调研做得不够深入,她还按着许昌市民的消费习惯备货。开业后她就傻眼了,因为许昌在黄河以南,新乡在黄河以北,气温相差好几摄氏度,穿衣习惯也有差别,许昌人常穿的棉衣长短不过及腰,但新乡人穿的棉衣却要包覆臀部。过完年后,棉衣严重积压,仓库里还有好几百万元的货。卖不动的棉衣占着位置,春装新款就上不了架,甩货处理又太赔钱,之后无论何时想起那种焦急和困惑,她的眼睛都会泛起泪光。

正当黄瑞娟急得像热锅上的蚂蚁时,于东来打来了电话,说他人在义乌,让她过去。黄瑞娟到义乌后,于东来和她一起考察市场。于东来问:"瑞娟,你现在最困惑的是什么?"黄瑞娟就把棉衣的事说了,于东来当场就说:"我把棉衣全部买下来。你们继续卖,该怎么卖就怎么卖,卖出来的销售额都算你们的利润。"

黄瑞娟没有了任何后顾之忧,她回到新乡后将棉衣下架,根据情况甩货,然后让春装上市。这些调整在五一劳动节之前全部到位,以后的一切都变得顺利起来。多年后在提起这件事时,黄瑞娟还是感慨万分:"东来哥就是这样,放手让我们去闯,遇到困难又义无反顾地担当,帮助我们解决问题、学习成长。他心里装着我们大家,对待我们就像对待孩子一样,教我们怎样做事,怎么做人,怎样树立自信,怎样用心做好每件事。在胖东来这么多年,我真的学会了很多,也感到很幸福。"

我在多种场合都听到于东来说:"我不能让我的士兵端着空枪、没有子弹去冲锋!不能让他们背着包袱去冲锋,要为他们减负,让他们轻装上阵!"他的话语中满含着担当和爱护。

我一直非常好奇,想探究胖东来如此迅速成长的原因。后来我才知道,胖东来一直非常关注国内外的优秀同行,麦德龙、家乐福、伊藤洋华堂等都曾是其学习的对象。

但这种学习并不是由胖东来的管理部门规划和指定的。各部门的主管若是觉得本部门在某些方面需要提升,就自己去寻找对应的标杆企业,然后去人力资源部备案,没有批不批准一说。考察学习结束后,自行改进、呈现结果即可。至于差旅费,公司反倒要求大家在出访学习时住得好些,吃得好些。

在好的环境氛围中,人人都会追求上进。公司为员工学习提供全力支持,这让各单位、各部门自主学习的积极性空前高涨,谁都不甘落后。我想,这也是胖东来快速成长为一家"中国好公司"的秘诀之一。

自主管理

我们再来看看胖东来在自主管理方面是怎么做的。

他们编制了员工《岗位实操手册》。在人力资源管理中，岗位描述和胜任力模型是两项非常重要的业务，很多企业都不惜重金，请管理咨询公司协助规划设计。我长期做管理咨询，而且是从人力资源管理起步的，因此深知如此制定岗位标准存在两大弊端。

其一，任何一家咨询公司，即便专业度很高，也不可能熟悉所有行业的岗位需求，大的咨询公司有专业的模板或模型，但要细化到每家企业不同的岗位仍有难度。

其二，一个由外部咨询公司制定的岗位标准在贯彻执行时会有难度，因为员工属于被动执行，特别是当制定的标准与实际状况有冲突时，员工会有抵触情绪和抗拒心理。

在胖东来，由大人力资源部负责规划和设定整个公司的制度、流程和各类标准。因涉及面太宽，我们仅拿员工的《岗位实操手册》举例。

于东来告诉我："现在的年轻员工该怎么管？你要让他有自主性。譬如这个《岗位实操手册》，我对他们说，你们最了解自己的岗位应该怎么做才能做好，这个标准你们就自己制定吧！等这个标准出台以后，我会对他们说，这个标准可是你们自己制定的,所以你们更要认真执行!"

胖东来《岗位实操手册》的制定、执行与反馈流程

胖东来《岗位实操手册》制定小组成员由各个部门的主管、资深员工和身处该岗位的员工组成。在制定这本手册的过程中,小组成员若遇到依靠自身能力不能解决的问题时,可提出外出学习。

珠宝部是胖东来技术含量最高的部门之一。一本专业性很强的《精品珠宝部(钻石课)实操手册》厚达366页,用铜版纸印刷,除了文字还有430多张相关图片、照片。珠宝部的员工在编写这本实操手册时,曾去谢瑞麟、周生生、潮宏基、周大福等多家著名珠宝企业学习。

此外,在很多人眼里,保洁工作是没什么技术含量可言的,可是胖东来的《保洁部实操手册》居然也有274页,从岗位职责到仪容仪表、服务规范、专业技能、清洁剂分类及使用方法、工具的分类及使用方法等,内容一应俱全。

到胖东来考察学习的苏州美那物业管理有限公司总经理李娜看到这本实操手册,不禁大呼:"佩服!佩服!简直不可思议!我们是专业做保洁工作的企业,都还没有这样一本像工具书一样能随时翻阅的操作手册呢!"

我们再来聊一聊生鲜商品。超市不能没有生鲜,大卖场就更不能没有生鲜了,因为对超市而言,生鲜有三个比较大的作用——集客、赢利和经营差异化。

首先,生鲜商品是顾客购买频率最高、与大众日常生活关系最密切的商品,超市是否有高质量的生鲜商品是检验商家经营水准的重要标志。因此,超市生鲜区是能驱动整个卖场的灵魂,是超市经营的命脉,是集客力的重要因子。其次,超市卖场中的标准化商品多年来都主要依靠价格竞争,平均经营毛利率一直处于比较低的水平,而生鲜商品的平均经营毛利率基本上可以保持在15%~20%的水平,因此它是超市赢利的重要来源之一。最后,在目前超市经营品类日益趋同的状况下,超市生鲜区最能反映超市经营特色,是连锁超市追求差异化的重要手段之一。

但对许多超市而言,生鲜部就像鸡肋。虽然集客力大,但是损耗大,利润很难有保障,如果再加上人力和水电成本,那就可能会亏损。

鉴于此,胖东来超市生鲜部就成了我最常去的地方,我将关注点放在了最容易亏损的肉类、水产和蔬果上。胖东来的精肉课(肉类)、鱼课(水产)、果蔬课(蔬菜水果类)这几个最易亏损的部门的岗位实操手册都已被率先编写完成。

以《果蔬课岗位实操手册》为例。叶菜的损耗向来比较大,原因是多方面的,其中一个重要的原因是顾客翻捡。购买蔬菜的人以老年顾客和女性居多，长期的生活习惯和性格特征使他们在购物时喜欢翻捡和掰掐，这就造成了损耗。针对这种情况，《果蔬课岗位实操手册》对后台加工环节的要求如下：

绿叶菜——容易被掐根掰叶，加工时要去掉黄叶、清理根部后捆扎陈列；

西红柿——翻捡时容易掉落造成损伤，应用塑料薄膜封装后陈列出售；

……

216页的《果蔬课岗位实操手册》对常见的9大类果蔬的后台加工程序都有详细的说明，并配有彩色图片。

胖东来十大部门共有130种岗位，截至2014年，胖东来已经统计了98种岗位，其中有44种比较成熟的岗位都印制了《岗位实操手册》，岗位员工人手一册，有13种岗位还拍摄完成了实操的视频资料。这些资料都在胖东来的官方网站上共享，供人们随意下载和点播。

在每周二店休、春节放5天假的基础上，自2014年起，胖东来员工又多了一个月的年休假。公司只负责制定政策，将具体安排年休假的权力下放给了部门主管，让各部门自行安排。于东来还特意在微博中叮嘱："年休假岗位人员如调整不开，部门必须申请补充流动替岗人员，保证年休假质量。对休假安排不满意，你们在这里（微博）说，公司协调解决。"

2014年6月,人力资源部的张伟去尼泊尔感受南亚文化;同年7月到9月,胖东来先后有90多名员工去北欧旅游。他们果真是"我做什么,我决定"。

专精——把想做的事情做得越来越好

如何能使员工主动地想做事,并且把事做好?且看于东来有何高招。

在现实生活中,如果以物质利益为追求目标,以"胡萝卜+大棒"为驱动模式,工作就可能变成苦差事,特别是在经济形势或行业形势不好的时候。

于东来说:"我们要用博大的胸怀,为员工创造一个轻松自由的工作环境,使他们能开心工作、快乐生活。要达到这种境界,就必须去掉我们身上的'功利'包袱。没有了这个包袱,我们就会心境更宽松,生活更灿烂。"

胖东来把自己的服务目标定义为:让每一位顾客开心、放心、满意!而为了达到这个目标,员工就必须具备专业的商品知识,执行清晰的工作流程,树立明确的工作目标,这样才能成为本岗位的专家,才能更好地为顾客提供专业的服务。

"专精"的概念就这样被顺理成章地提出来了。公司要求员工:"在专业的基础上不断完善岗位标准,努力成为这个行业的专家,使自己更有成就和价值,更自信、更投入地工作,更能感受到工作是你生活的一部分,明白工作也很快乐!"把工作当成快乐的、喜欢的甚至是热爱的事去做,人们才会全身心投入,达到"忘我"的境界(管理术语谓之"心流")。

胖东来商场内外的大小屏幕没有一个用于播放广告,除了时政要闻,播放得最多的是那些倡导"专业、专精"精神的视频,比如爱马仕皮具的精制过程、瑞士名表的百年传承等,播放频次最高的要数日本寿司之神小野二郎的故事。时任日本首相安倍晋三就曾在这家"数寄屋桥次郎"寿司店宴请时任美国总统奥巴马。

2013年6月,《工匠精神:向价值型员工进化》一书出版,该书称小野二郎为"工匠精神最纯真的呈现",于东来一下子购买了1万多本,发给每名员工。此后,在胖东来,"工匠精神"就成了"专精"的代名词。

虽然于东来总以员工专业度不够为理由,只给自己的企业打5分(百分制)。但从顾客的角度看,胖东来员工的专业化程度在中国零售业已是屈指可数。

有一次,和于东来谈到"专精"的话题,于东来还是挺为他的员工自豪的,他说:"王老师,我这个售后服务部有个员工技术很精湛,她给别人改衣服,只要远远地朝那个人看一看,再把要改的地方用手拎一拎就行了,改出来保证让人满意。"我是个穿着比较考究的人，知道要改好一件衣服比做好一件新衣服还难，听了于东来的话，我心里还直犯嘀咕。正好不久前我买了一身职业套裙，价格不菲，可总觉得上衣的一个部位不够满意，犹豫片刻，我决定用这身衣服来验证一下胖东来员工的业务水准。

第二天一早，那位员工已经在六楼的办公室等我了，她确实也就那么一"看"一"拎"，之后对我说："王老师，明天下午改好了我再给您拿过来。"她拿走衣服时一脸从容，反倒是我有点儿忐忑。等改完后，我穿上身一照镜子，立刻就对这位员工的专业水平信服不已！

无独有偶，另一次经历更让我相信胖东来员工的高专业水准并非个例。那次我从胖东来回沪后立马就要出国，就想提前在胖东来买好箱包。到二层的箱包柜台说明来意，一个圆脸的年轻姑娘接待了我，问清用途和尺寸后，她给我介绍了一款美国品牌的产品，并说长途旅行中灰色比较耐脏，见我没有异议，就开始给我做深度介绍，从生产厂家、品牌知名度、全球维修网点、维修申请手续，到箱包结构、箱包配件、使用注意事项都一一说明。最后她指着拉杆旁边的一个塑料牌说："这是用来粘贴记号的，以防托运行李时有相似的箱包会搞错，粘贴纸在箱子的这个小口袋里，您看……"她的介绍热情、专业，我丝毫没有被推销的感觉，并对她产生了信任感，因此也就没有货比三家，直接爽快地成交了。

实现"专精"目标的三个关键因素逐渐清晰：

搭建员工成长平台；

摒弃功利的目标，引导员工因热爱自己的工作而全情投入；

用榜样的力量，为员工树立标杆。

每个人都需要被激励，不同的人需要不同的激励方法。深入观察分析，胖东来的员工激励体系确实有很多独到之处，它和全球最新的驱动力理论高度契合。为了帮助读者更好地理解胖东来的驱动力体系，下面我们将其与最新的驱动力理论做个比较。

驱动力 3.0 时代

激励和驱动是同义词，为了叙述得更为确切，我将它们统称为驱动力。

时代不同、产业和行业不同、员工群体不同，有效驱动的方法就会不同。我们采用丹尼尔·平克的驱动力分类理论，将其分成三类，分别称为驱动力 1.0、驱动力 2.0 和驱动力 3.0。

驱动力 1.0

第一种驱动力是生物性驱动力。人类以及其他动物进食以止饿,饮水以解渴,交配以满足性欲,这种驱动的所有要素几乎都与生存有关。

驱动力 2.0

第二种驱动力来自外部动机,或称"他因驱动"。在做出特定行为时,环境会给予奖励或惩罚,因此,这是人为了寻求奖励、逃避惩罚而产生的动力。

驱动力 3.0

第三种驱动力来自人的内部动机,或称"自因驱动"。这是我们想要主导自己的人生,学习并创造新事物,通过自身努力让世界变得更好而产生的动力。

在原始社会和农耕时代,生活资料匮乏,人类为了生存,需要花费很多的体力、精力,所有思维和行动的驱动力都是为了延续生命,所以那个时代被称为驱动力 1.0 时代。

人类从农业经济进入工业经济时代,也就从基于生存需求的驱动力 1.0 时代进入基于外部动机驱动的驱动力 2.0 时代。

工业经济时代,以机械性劳动为主的大机器化生产成为那个时代最为典型的特征,这种特征决定了在那个时代主要以"控制"为管理手段、以"服从"为行为目标、以"胡萝卜+大棒"为典型模式的第二种外部动机驱动方式。这种"给我奖励,我就更努力"的驱动方式几乎占据了整个20世纪,而且取得了引人注目的成果。

但是,驱动力2.0有时候很奇怪,它好像对人的行为施了魔法。当物质报酬超过了"基线需求"(保障人基本生存所需的工资、合同款、补助、小费)时,驱动力2.0会把有意思的工作变成苦活儿。

"胡萝卜+大棒"的驱动模式让管理者希望得到的越来越少,不希望发生的却越来越多。结果,本来是要提高积极性,却降低了积极性(完成了指标后要有所保留,以免"鞭打快牛");本来是要激发创造力,却抑制了创造力(对完成指标的创新有风险,那就不去尝试);本来是要让好人好事越来越多,但实际上好人好事越来越少(我有高招,却不宜泄露,免得你超过我)。员工想的就是快速解决问题,出奇制胜,完成业绩指标,置长远结果于不顾。

实际上,隐藏危机正如同"江底下的暗流"。人们发现,自20世纪70年代以来,在"给我奖励,我就更努力"驱动模式(这种激励模式从商学院向企业、政府、学校和家庭等社会的各个角落蔓延,几乎覆盖了一切形式的组织)还大行其道的时候，这种强调控制和外部激励的模式就已经面临越来越多的挑战。2008年那场席卷全球的金融风暴，正是这种传统驱动模式下人们追求短期利益、强调利己、企业委托代理机制失控等积弊的总爆发。

奖励只能带来短期的行动爆发，而且其效果会逐渐消失，就像少量咖啡因只能提振你几个小时的精神。更糟糕的是，它让人们陷入物质主义的泥沼，降低了大家从事工作所需的神圣感和长期积极性。澳洋顺昌被誉为"中国式的阿米巴"，它的总经理陈锴分享过一个案例，很好地解释了驱动力2.0所带来的危机。

澳洋顺昌的主营业务是生产加工电子产品零配件，即按客户提供的模板，对大张的钢板、铝板进行裁剪切割。在这个行业内，有家企业执行的就是"胡萝卜+大棒"的驱动模式。行业形势好的时候，企业赚钱，老板也慷慨，大家都买房买车，皆大欢喜。但市场变化很难掌控，有时钢铁企业遭遇危机，钢板价格波动巨大，业务难做，"胡萝卜"自然也就消失了，企业主还指望大家能共渡难关，想不到业务员纷纷走人，这家企业后来倒闭了。

陈锴说："很多企业以前采用的大多是这种模式，但是现在似乎越来越失效，究竟应该怎么有效激励，大家都在思考，也都有点儿迷茫。"

从 20 世纪末到 21 世纪初，人类已经开始从工业时代进入基于信息技术和全球化的知识经济时代，人类的思维、行为、工作方式、生活方式都发生了巨大的变化，驱动力模式也需要随着这一过程转型升级，更加重视工作的使命感和意义，从以外部动机驱动为主的"经济人"时代走向强调目标、自主、专精的驱动力 3.0 时代。

目的——超越自身的渴望

常听到"效率""利益""价值""优势"这样的词语，这些目标很重要，但它们缺乏唤醒人类心灵的能力。在驱动力 2.0 时代，我们以利润最大化为中心，以为"胡萝卜＋大棒"这种激励模式是人类商业行为中天然的部分。但科学证明，这种激励模式只在某些特定的时候、在某些狭窄的领域有效，运用范围窄得惊人。

而驱动力 3.0 在不拒绝利润的同时，强调的是目的最大化，要成为人们实现远大志向的行动指南。满足与否，取决于正确的目标。

如果一个人感觉不到自己在从事伟大而长久的事业，他就无法过上真正出色的生活。寻找目的是我们的天性，我们希望能重建商业生态，重塑身处的世界。

在组织内部,这种新型的"目的驱动"体现为三种方式:

实现精准的目标,不仅仅停留在口头的誓词上;

制定允许人们用自己的方式达到目的的政策;

必须让员工在工作中找到使命感。

所以,驱动力3.0的核心点处于内在维度,注重的更多是感情、意义、价值、道义、使命感等,强调自主性,同时加上道德感和理性自律。

自主——我做什么,我决定

我们并非天生顺从,人生中最宝贵的体验不是得到部分人的认可,而是能够倾听自己内心的声音,做好最重要的事情,为达成自己的目标而努力。

如今,我们进入信息化时代,快捷便利的交流手段令我们有能力快速获取知识,丰富的物质使更多人无须为生存而苦苦挣扎,受教育程度的提高让大家更多地去思考要选择怎样的生活方式。我们天生就希望成为自主的个体,而不是兵卒、工具。所以,企业需要的并不是更好的员工管理手段,而是能激发员工自我管理的热情。

所谓自主,由四大要素构成:

工作内容自主(做什么样的工作);

工作时间自主(什么时候做);

工作方法自主（怎么做）；

工作团队自主（和谁一起做）。

专精——把想做的事情做得越来越好

控制带来的是服从，自主带来的则是投入。驱动力 2.0 需要付出，而驱动力 3.0 需要投入。只有投入才能带来专精，把一件重要的事情做得越来越好。专精能让人进入"心流"状态（完全忘我的境界），持续兴奋，保持忘我的"聚精会神的专注"。

专精是一种自我认定。如果我认为我的能力能够提升，我需要发展，我想达到更好的生命状态，而不仅仅是为了通过某项考核，那么我会追求专精。在追求专精的路上，我痛并快乐着，我需要磨炼坚毅的品质，因为精通是一条渐近线，最好的表现永远是下一次。

驱动力 2.0 对一些从事简单、重复性生产劳作的企业仍具有应用价值。然而对于创新性强、以人为主的工作，驱动力 2.0 体系不但无效，反而有害。我们早就从谷歌、3M、万豪等世界知名的成功企业案例中了解到，唯有通过目的、自主和专精的驱动模式有效激发员工的潜力和创造力，才能在未来的竞争中基业长青。

目的、自主和专精超越了国别和语言的界限，是人类未来的方向。无论是住在上海还是洛杉矶，人们都希望从事有意义的工作并有所成就。胖东来是驱动力3.0理论成功的实践者和先行者，未来，越来越多的企业会从强调服从的外在驱动型管理模式走向更加开放的员工自我驱动型管理模式。变革时代已经到来，激励方法的改变不再是一个简单的人力资源管理模式问题，而是必须顺应的时代潮流，越早认清这一点，企业就会越主动。

培养"能干会玩"的员工

提笔写这段文字的时候，我心中已酝酿了许久，但仍有几分忐忑：如果写得好，那就能将胖东来"以人为本"的管理理念完美呈现出来，对人力资源管理理论和实践也许是一个不小的贡献；如果写不好，那就辜负了胖东来这样一个经典案例，同样会成为人力资源管理理论探索上的一个损失。

让凡人做非凡之事

彼得·德鲁克被誉为"现代管理学之父"，他在人力资源管理方面提出过许多颇具开创性的独到见解。下文我将选取德鲁克先生的一些观点,以便大家更透彻地解读胖东来的管理行为。

什么是伟大的组织?

德鲁克先生说:"对任何组织而言,伟大的关键在于寻找人的潜能,并花时间开发潜能。如果失去了对人的尊重,这里的开发潜能很可能被理解成仅仅为了组织的绩效而把人视为使用的工具。只有恢复对人的尊重,才能真正把人的才能释放出来。"

管理的最高境界——让凡人做非凡之事

德鲁克先生指出,根据统计学显示的规律,任何组织都不可能找到足够多的"优秀人才"。一个组织想在知识经济和知识社会中脱颖而出,唯一的途径就是让现有的员工拥有更多的能力,也就是通过对知识员工的管理产生更大的生产力。德鲁克先生将这个挑战称为"让凡人做非凡之事"。

德胜洋楼、海底捞、鼎泰丰……都是"让凡人做非凡之事"的优秀企业,胖东来则是它们中更为引人注目的一个,因为它不仅"让凡人做非凡之事",还正确回答了"员工是什么?"这个问题。

员工是什么?

我常拿这个问题在课堂上向企业家学员提问,每个人都会报上一个答案,多数人会说,"员工是首要资源""员工是企业最大的资产""员工是人力资本"……

尽管德鲁克先生早在 2002 年就在《哈佛商业评论》上发表过一篇题为《他们不是雇员,他们是人》的文章,可"员工是人"这样的回答依然不多见。

"员工当然是我们最大的资产",很多企业家都会把这句话挂在嘴边,但大多是说说而已。如果再摒弃高谈阔论、言不由衷,企业家在内心又真正把员工看作什么呢?

西南航空的故事

"9·11"恐怖袭击事件发生后的第二天,美国的航班全部被迫停飞,不知何时才能重新运营,前所未有的灾难严重威胁到整个行业的生存。全美的航空公司迅速裁员近 10 万人,为的是减少成本,渡过难关。同样的事情在其他行业中也屡见不鲜,裁员成为公司应对严重危机时的拿手好戏。

尽管管理者口头上喊着"员工是企业最大的资产",但是却在用裁员的行动表明,在他们眼中,员工不过是企业赚钱的工具,是"成本"而非"资产"。因此,公司在面临窘境需要降低成本的时候,往往会第一时间裁员。

只有那些真正将员工视为"资产"的企业,才会在困境中做出另一种抉择。美国西南航空公司(以下简称"西南航空")在"9·11"恐怖袭击事件中也受到波及,一度日亏损高达三四百万美元,但该公司并没有打裁员的主意。"我们历史上从未解雇一名员工,虽然现在还无法告诉大家未来会怎样,但是我们会尽可能地避免裁员。"西南航空坚持不裁员的决定感动了公司员工,激发了大家与公司同舟共济的决心。他们更加努力地工作,提出了许多降低成本的建议,与公司荣辱与共。为帮助公司渡过难关,有的员工将自己的分红甚至部分工资都捐给公司,还有的员工在联邦退税支票上签名,将这些钱转到公司账上。

西南航空不仅在危机中延续了自己成立以来始终盈利的神话,更是用两年时间拿下竞争对手因削减航班和服务而流失的市场份额。它不仅是美国在过去几十年里唯一从未裁员和减薪的航空公司,也创造了美国全航空业个人生产率的最高纪录。

稻盛和夫先生创建的日本京瓷公司显然也是"把员工当人看"的伟大企业,并创造了57年未曾亏损的奇迹。但在中国,"把员工当人看"的企业还太少。有的企业在屡屡发生员工跳楼事件后,采用的解决方案竟是更多地使用机器人,也许企业主认为员工只是机器或机器的延伸。这种情况在各行各业屡见不鲜,所以黄铁鹰教授在《海底捞你学不会》中那一句"把员工当人看"听起来振聋发聩。

那么在胖东来,员工是什么?于东来是把员工当作"完整意义上的人"来看待!这个概念是惊世骇俗的。何以见得?因为于东来要求员工"能干会玩"。在招聘员工时,于东来说,"招那些'会玩的',会玩的员工心态好"。

我先简单解释一下于东来这个别出心裁的"能干会玩"。

能干,很好理解。如前文所述,胖东来的员工由于有目标指引,喜爱自己的工作,专注投入地学习提升,最终会把工作做到极致,达到专精的水准,成为岗位和品类专家,企业和个人都会因此不断成长。

会玩,我们就需要展开来说一说了。

只有当人游戏时,他才完全是人

要论"玩"和企业管理的融合,先让我们看看这"玩"字该当何讲。

玩,是人的天性,从某种意义上说还是人的权利。大家可能有所不知,除了科学家、管理学家、企业家……还有一种"玩学家",他们专门研究玩的文化,探讨玩的学术,研究玩的技术和艺术。

玩学家认为：玩是人的一种本能，是人生之必需，人在玩中成长，在玩中增长智慧，在玩中收获想象力和创造力，人类进化的历史已表明——玩与人生密不可分。

弗里德里希·席勒

早在 200 多年前，德国著名作家弗里德里希·席勒就曾说："只有当人是完全意义上的人时，他才游戏；只有当人游戏时，他才完全是人。"这是对"玩学"理论深刻的哲学解读。

从这个角度来讲，我们以往的管理学理论从未把员工真正当成一个完整的有意义的人，这些理论都在强调如何促使员工勤奋工作，没有谁论述过如何让员工放松身心、自由玩耍，从而促进其人格完善。

卡尔·马克思

马克思则是从经济学角度阐述的。他说，真正的经济绝对不是禁欲，而是发展生产力，发展生产的能力，因而既是发展消费的能力，又是发展消费的资料。消费的能力是消费的条件，是消费的首要手段，而这种能力是一种个人才能的发展，是一种生产力的发展。要培养具有尽可能广泛需要的人，因为要多方面享受，他就必须有享受的能力，他必须是具有高度文明的人。

对于社会发展而言，"玩"不仅是目的，也是手段。有文化的玩儿，也正是培养马克思所说"高度文明的人"的一种途径。

随着社会生产的发展，人们的业余时间会越来越多，玩的问题日益突出，必须有为发展玩的社会事业做研究、出点子的"玩学家"。把握游乐休闲文化的发展方向，将传统与现代、少儿与成人、高雅与通俗、国内与国外等诸方面的因素结合起来，才能玩出情调，玩出文化，有益健康，助人进步。

阿尔伯特·爱因斯坦

爱因斯坦从人的智力发展和科学创造的角度展开论述。他在幸福等式里指出了玩耍在生活中的重要性，他说，玩耍和创造力有着密切的联系，而且具有再生功能。

会玩意味着兴趣广泛，会用不一般的方法解决问题。谚语有云："只会用功不玩耍，聪明孩子也变傻。"兴趣广泛的话，我们就会积累幸福的生活回忆，会玩的人往往更加幸福。而且，玩耍有助于我们用新的方式看待同一个事物。真正的消遣能激发灵感，让我们更富创造力，工作效率更高，人际关系更和谐。

于光远

我国著名经济学家于光远先生曾为朋友题词:"玩是人生的根本需要之一,要玩得有文化,要有玩的文化,要研究玩的学术,要掌握玩的技术,要发展玩的艺术。"

于光远先生赞同积极有益的娱乐和休闲,支持健康的、有情调的、有文化品位的玩儿。他认为,社会向前发展,人们追求新、知、乐、美的生活方式,于是有了旅游业和休闲业。休闲业是现代经济的产物,而且发展得越来越快。

于先生患病住院时曾说要在自己的墓碑上刻一行字——大玩学家于光远走了。确实,他很爱享受生活的快乐。并力主开创和发展休闲经济。玩儿,将是人类生活的一种重要状态!

于东来

于东来虽不及上述几位知名度那么高,但在企业家群体里从"玩"的角度论企业管理的,他恐怕真是第一人了。

于东来提出了"能干会玩"的理念。他说,"能干会玩"是生命的平衡,是生命质量的提升,也是向着健康人生的进化和进步。

在《寻梦者说》的企业宣传片中,于东来说:"你看加拿大的农民,他们一年工作的时间只有51天,其余时间都在世界各地旅游，你想想那多幸福啊！"

在一次和企业家的对话交流中，于东来说："就时代广场而言，我做过测算，如果我们的专业化程度提高15%，业绩就能到20多亿元，提高25%就能达到30亿元，但我们不想要那么多，我们就会放更多天的假……"

胖东来人会玩才能干

对于"玩"，于东来还进行了成功的实践。从时间安排、资金保证到组织机制、软硬件设施，他都有全面的考虑和安排，保证员工在工作之余玩得尽兴，玩得开心！

"玩"的保障机制

（1）时间保障。

针对一线员工实行的是"半班制"，分上下午两班，上午班从上午九点半到下午一点，下午班从下午一点到晚上九点半，两人一组轮换。这样即使算上开店前的准备和闭店后的整理时间，每个员工的日均工作时间也不过7个小时。

胖东来每周二必定闭店休息，即使碰到元旦这样的黄金销售时间也不例外。春节时，除夕到初四放假5天。从2014年开始，每位员工额外增加一个月的年休假。

（2）软硬件设施保障。

胖东来的每家店都设有员工健康娱乐中心，设备都是一流的。以胖东来时代广场为例，它地处许昌繁华商业地段，六层办公区有6 000平方米使用面积，若作为商用营业面积，其带来的营收应该十分可观，但于东来将它做成了员工的健康娱乐中心。淋浴房干净、时尚，花洒、水龙头等五金件都使用美国著名品牌，员工下班后可以上楼洗个澡，放松一下身心，再在温暖舒适的按摩椅上做个好梦。健身区设有跑步机、拳击台、乒乓球桌、斯诺克台球桌等一流的健身器材。此外，大型游戏机区、阅览室、棋牌室、网吧、小型迪厅、KTV包房、电影放映厅、练舞房等一应俱全，甚至还准备了一间画室，供员工涂鸦和寻找灵感！

（3）组织机制保障。

胖东来人力资源部下属的宣教部负责所有文化休闲娱乐活动的组织工作，而且拥有很大的组织协调权。制度规定，一线的营运部门必须配合宣教部组织的各类活动，这一点在其他企业是有很大执行难度的。

（4）资金保障。

该花的钱只要使用合理，于东来从不抠门。中国连锁经营协会的郭会长给我说过一个故事："东来这个人，你跟他说办某件事需要5万元，心里还预备着他会压到4万元，可东来没准儿会说'那就7万元吧'！得此信任，其实办事的人会更尽心尽力。"

有这样的诸多保障，胖东来的员工常常玩得热火朝天、心花怒放。

"玩"出伟大的公司

"玩"是胖东来人性化管理的有机组成部分，它的作用也立竿见影。

（1）娱悦身心。

这是"玩"最直接、最易得的功能。人们工作或者学习时间长了就会疲劳，如果选择适宜的玩法，可以消除疲劳、活动筋骨，还可以放松心情、修复精神。这样不仅不会影响工作或学习，还可能提高效率，达到事半功倍的效果。

于东来说："想想1995年我们刚成立的时候，每天都是从早晨七点上班到晚上十点，以前就是拼命想让员工过得好一点儿，努力地开店，完善这家企业，虽然换来的结果可能也是进步，但的确对自己的健康和各方面损害都比较大，这样做太悲壮了。"商贸零售行业一线员工的休息权在中国普遍是被忽视的。在胖东来，员工在娱乐休息上都得到了充分的关怀。当你和他们接触的时候，你可以感受到他们饱满的精神和充沛的精力。

（2）开阔视野。

人在玩耍的时候，一般会接触到新的行当、新的领域和新的生活元素，这样就会在不知不觉中学到新的知识。丢掉了思维羁绊，调换了思维方式，人的好奇心和创造欲就被激发出来。有的人开始只是业余地玩玩，时间长了，就可能玩成某方面的专家。

2013年，我第二次去胖东来时，抬脚迈进他们的办公区就发现，人力资源部黑灯瞎火、空无一人。我诧异地问："今天不是店休日啊，人都去哪儿了？"于东来说："前两天那个员工踏青活动让他们忙了近两个月，太辛苦了，放假让他们出去玩玩。"我更好奇了："去哪里玩？"于东来笑了笑："外省的某个景区吧，我也不是很清楚。"

2014年4月22日，我在郑州出席一个会议。胖东来人力资源部得知我的行程，就打来电话："王老师，您不是遗憾去年没能参加我们的游园活动嘛，今年的'胖东来员工嘉年华游园活动'正好在这两天，您开完会就过来吧！"他们说的"胖东来员工嘉年华游园活动"地点设在许昌灞陵公园，当年"关羽辞曹挑袍"的故事就发生在灞陵河畔，所以这里也叫"关羽别曹操处"。

灞陵公园占地约160亩，面积不小，可许昌胖东来有7 000名员工，大家扶老携小，再加上胖东来的粉丝，最多的时候达到1万多人，可谓人满为患。戏台下站满了观众，观赏着杂技、二人转、武术等各种表演；娱乐项目入口处排起了长长的队伍；剪纸、蛋雕、根雕、捏面人、吹糖人、泥咕咕等民间艺人的摊位前围满了好奇的观众；奖品兑换处更是被挤得水泄不通，人人喜笑颜开，手里拿着大大小小的奖品。

如果你能像我一样亲临现场，参与那些热情洋溢的活动，你就能体会到整场活动策划的新颖性和趣味性，就能觉察到活动组织的严密性和有序性，就能感受到这场耗资并不巨大的活动取得了以下珍贵的成果。

其一，让胖东来的员工和他们的家人在春天的气息里尽情释放自己，感受生命的美好。

其二，民间艺人精彩绝伦的技艺表演让员工增强了艺术鉴赏力和对中国传统文化的认知，也对工匠精神有了更深的感悟。

其三，大大提升了管理人员的全局观、团队合作精神和协调能力。

这让我想起陆游的那句诗："汝果欲学诗，功夫在诗外。"

（3）和谐关系。

彼此陌生的人通过玩可以很快地熟悉起来，无形之中扩大了人际交往圈，有些还可能成为非常要好的朋友。以往心怀成见的同事，通过一起玩可以消除误会。在玩的过程中，上下级可以拉近距离感，从而在工作中配合得更好。这样的活动会挑选有特长的员工参与组织工作，这样一来就能打破部门壁垒，公司全体员工合作得更加协调。

于东来也带着全家人来游园，活动因此达到了高潮，无数人争相与他合影，他来者不拒，还时不时搞怪装萌，惹得众人大笑。这种亲密无间的全员同乐更是增添了"家"的和谐和快乐。

（4）健康人生的进化。

于东来非常向往"简单、自然、幸福"的生活，他十分推崇北欧的生活模式，他认为北欧人堪称"地球上最懂生活的一群人"。胖东来的网站、内刊、公司宣传栏甚至于东来的微博，都谈到过北欧的生活模式。于东来希望他的员工懂得，工作不是生活的全部，人应该摒弃贪婪，乐观、坦诚、幸福地分享生命的价值和意义。

于东来要求员工走出去看看世界。2014年，胖东来组织了近百名员工去北欧体验一下"最幸福国家"丹麦和挪威的生活。其实，许多企业也在组织文体活动，但大多只是工会发放的"员工福利"，并没有从提升员工生命质量的角度去考虑。

总之，玩耍是个人生活的加油站，是人类开放创新的基础，是成功契机的重要来源。从这个角度来讲，玩耍是一门学问、一种艺术，只有懂玩、会玩的人，才能感受生命的乐趣，也才能更好地工作。

胖东来员工在玩的过程中理解了人生的宽度和厚度——除了名利，人生还有更厚重的意义和追求；除了工作，生活还可以过得更丰富多彩。他们就这么"玩"出了一家非凡的企业！

玩出伟大的公司

从21世纪的管理趋势来看，于东来对员工"能干会玩"的要求，是对人性化管理理论的突破性创见和成功实践，代表着未来企业管理的发展方向。

"能干会玩"的提出，是因为于东来把员工当作"完整意义上的人"，而不是单纯的"工作人"。纵观泰勒、法约尔创建的"科学管理"理论，到后来的"人才胜任力"模型；从西方管理学到以日本为代表的东方经营哲学，还没有一种理论提到过员工的素质要求中必须包含"会玩"这个要素。同样，也没有哪种理论和哪位企业家提出要"把员工当成完整意义上的人"。

德鲁克先生说，"他们不是雇员，他们是人""让凡人做非凡之事"，更多是指要通过对知识员工的管理产生更大的生产力。稻盛先生在他的经营哲学中一再强调，"要付出不亚于任何人的努力"。这些观点仍未脱离"工作人"的范畴。

于东来希望把胖东来办成一所学校，在企业发展的同时，给更多的人创造机会。让员工相互学习，不断发挥潜能，成长为品质优秀的商业技术人员。在为员工规划职业生涯的同时，胖东来还为员工规划生活蓝图，要求员工在成为业务专家的同时学会生活，享受生命的快乐！这是"把员工当成完整意义上的人"的又一例证。

"能干会玩"造就了今日胖东来员工的高素质，成就了一家伟大的公司。虽然相关研究才刚起步，但是我相信，这一定是未来企业发展的必由之路！

4
让顾客满意

▼

丰富的商品、合理的价格、温馨的环境、完善的服务,其中每个方面都有着极其丰富的内涵。

▶ 如果把企业经营和企业文化理解为一张太极图的两面，企业经营即阳面，是昭示在公众面前的一切企业经营行为；而阴面是潜藏在企业深处、不易为外界所知的企业文化。企业就是一个负阴抱阳的有机整体，经营状况的好坏可以在企业文化中找到原因，企业文化的优劣也一定会在经营结果中凸显出来。

回归商业本质

作为一家企业，保持高绩效是长久经营的基础。人们关注胖东来，说它有优秀的文化，说它关爱员工，但这些都要通过卓越的经营绩效来保障和实现。我想，胖东来的高绩效是因为它回归了现代商业的本质，为顾客带来了价值。

许昌很小。我用一年多的时间走访了河南省的多个城市：郑州、洛阳、新乡、南阳……一经比较，就感觉许昌很小，找资料一查，果不其然。河南省下辖18个市，按市区面积计，许昌排名第13位，充其量是一座四线城市。

胖东来不仅地处这样的四线城市，自身的规模也不算大。它却能让许昌市民把它当成购物的首选，每逢闭店休息时人们宁愿推迟购物。这种客户忠诚度是全国商业同行梦寐以求的。

其实原因很简单，胖东来真正为顾客带来了价值。

2012年以来，越来越多的零售企业感受到了市场刺骨的寒意，而它们大多没来得及做好过冬的准备。2013年则成为中国零售业的并购大年，业界认为，这意味着零售业者在中国市场正以大手笔资本运作的方式最大限度地寻求自保。关店潮、赢利难、大并购成为中国零售业者普遍遭遇的尴尬处境。整个零售行业的销售规模增速从往年的近20%瞬间跌到了不足10%。

经过十多年的高速增长，国内零售企业再次走到了变革的十字路口。以往单纯靠规模驱动企业发展的时代面临终结，在"集体彷徨"的窘境中，零售企业亟待找到新的盈利增长点。

宏观经济环境疲弱，营运成本上涨，实体零售业者想赢利都变得十分困难，超市、便利店、百货店、专业店、专卖店，几乎所有业态的毛利率都跌破了20%，大型超市的毛利率最低仅15%左右。可胖东来在实施关店瘦身、周二店休等一系列调整措施后，销售业绩依然逆势上扬，年销售额仍保持着近15%的增长。胖东来持续成功的秘诀何在？它能为我们带来怎样的启迪和参考？

立足于稳，追求专精

胖东来一以贯之的发展战略是据点式作战、修炼式经营、内生式增长，即立足于稳，追求专精。

多年来，中国商贸一直将外延式发展视为业绩增长的主要推动力，许多零售企业不计成本地到处跑马圈地、遍地开花，粗放式经营，用增量盘活存量。然而，在宏观经济大环境疲弱的情况下，这种发展模式遭遇资金无法有效支持整个企业惯性扩张的瓶颈，之前因快速发展而掩盖的粗放式经营所累积的问题也逐渐显露出来，一批批企业倒下，一批批企业收缩战线勉力支撑危局。零售企业被迫开始从"规模经营"向"效益质量经营"方式转变。

凤凰卫视知名主持人吴小莉与阿里巴巴创始人马云有过一段有趣的对话。在吴小莉的诘问之下，马云表达了"企业大并不好，企业小才是美"的观点。他说："今后，选择去大企业的年轻人会越来越少，去特色企业、幸福企业、美的企业的人将会越来越多。在那里，他们能充分展现个性化特色和自我价值。中国的未来要'小而美'。我坚信，影响生态系统的关键因素不是'狮子''大象'，而是'微生物'。因此，影响中国经济未来的，不是企业有多大、大企业有多少，而是小企业有多好、小企业有多美、小企业多有特色，这才是国家经济的基础。"

胖东来早期也实行多业态拓展，从烟酒店起家，到后来涉足超市、百货、专卖店、便利店等。而今在提供食品、服装、家电、首饰、药品、餐饮等全品类商品和服务的同时始终适度控制着规模，战略清晰，稳步发展。

据点式发展

1995—2005年这10年，当同时起步的企业纷纷设点布局扩大规模时，周边市县的市场瞬间被几家竞争对手密集占领，有的更是走出许昌，上省城下乡村跨区域发展，不仅在周边名噪一时，可观的销售收入也让人眼热。而那时的胖东来，从实力到规模和大家同处一条起跑线上，但是胖东来并没有急于去外省市圈地，也没有在周边大肆扩张，而是以据点式发展的模式静练内功、寂寞自安，专心致志立足于做好企业，未曾迈出许昌一步。

修炼式经营

10年修炼式经营，固守本源，却并不故步自封，持续的改进使胖东来在软、硬件两方面的建设上都取得长足进步，孕育出了商业零售行业的核心竞争力。在软件方面，完成了企业文化、企业经营理念、顾客服务条例、股份制分配方案、客户投诉条例等诸多方面的规范化建设。在硬件方面，大力优化环境，不断改进设施。

修炼内功、强化素质至今是胖东来管理和发展之道。从店堂形象到人员素质，从服务能力到商品配置，胖东来从未中断过寻求可能的改进和提升。

许昌胖东来生活广场在2002年前后是许昌功能最全、规模最大、环境设施最完善、服务体系最健全的零售休闲场所。但是开业以后，当其他企业忙于扩张布点的时候，胖东来持续斥资数百万元，对生活广场卖场布局进行调整和完善，出于让顾客购物更便捷、更轻松的人性化考虑，对顾客购物动线、收银线、生鲜区、存包区增设了大量新设施，对商品结构也进行了全方位的审视和充实完善，极力迎合不同消费阶层的习惯和需求。一些当地的零售商感叹："东来足不出户，可我们总也赶不上他的步子啊！"

内生式增长

2005—2009年，胖东来属于外延式增长和内生式增长并举时期；2009年胖东来时代广场开业以后，集团就没有再开新店；从2012年起，集团连续关闭了16家小型超市，几乎放弃了连锁超市业态，全面进入内生式增长阶段。

2009年之后，虽然总营业面积和人员减少，但人效和坪效却不断提高，以许昌的综合性购物中心为例，胖东来时代广场（营业面积为 3.5 万平方米）的营业额仍以每年近 15% 的速度增长。

由于战略清晰，执行到位，胖东来确立了无可匹敌的竞争优势。在许昌市，胖东来一枝独秀，在全市零售总额中多年占比近 60%。在竞争激烈的新乡市，2013 年，胖东来销售占比超过 50%。

比陈述胖东来企业战略更重要的，是解析于东来的经营哲学，否则就是本末倒置、缘木求鱼。在扩张狂潮中独守一份清醒基于以下三方面思考。

（1）摈弃贪婪。贪婪是贪得无厌，是欲望无限膨胀，是对与自己能力不相称的目标的过分欲求，所以只有摈弃贪婪，才能保持头脑清醒。

（2）控制欲望。适度保持欲望，适度的欲望是前进的动力；过度的欲望会让人忘乎所以，自我膨胀，最后导致失控毁灭；一定要保持对欲望的有效控制。

（3）夯实基础。不急功近利，在人才、资金、能力有充足保障的基础上，脚踏实地、快乐地发展企业。

战略，不管清晰与否，每家企业都有；经营哲学，未必每个企业家都能清晰地意识到，但这才是企业基业长青的基石！

让顾客满意的 20 字方针

企业使命是企业对自身和它所服务的对象阐述它存在的价值和理由,从而努力实现对服务对象神圣的承诺。

从经营层面讲,顾客就是上帝,掌握着企业的命运,谁赢得了顾客,谁就赢得了市场。顾客满意度与企业的盈利能力有直接的正相关关系,在日益激烈的市场竞争中能够赢得顾客的满意,那么成功便指日可待了。顾客对卖场的满意度越高,卖场的人气越高,创造的效益就越高。反之,顾客对卖场的满意度低,卖场的人气低,创造的效益也越低,卖场可能会面临倒闭的危险。由此可见,顾客的满意度对企业是多么重要。

胖东来将如何让顾客满意浓缩成 20 个字,即"丰富的商品、合理的价格、温馨的环境、完善的服务"。其中每个方面都有极其丰富的内涵,我们将独立成篇,一一加以阐述。然而,这还属于"术"的层面,属于经营的方法和技巧。更重要的还在于制胜之"道"。

从文化层面讲,胖东来把"爱"当作商业模式,这才是胖东来的不凡之处,也是它所向披靡的原因。

于东来如何看待"经商"?他说:"我们要牢记用爱对待商品,因为它是有生命的;用爱对待顾客,因为我们是天使;用爱对待万事万物,因为我们是伟大、善良、快乐的人。"虽然创业初期于东来是出于赚钱以改善自己生活状况的目的，但今天，他对事业的追求早已超越了金钱和物质。他在胖东来《企业文化指导手册》的第一页上写道："我们要全心全意为顾客营造一个快乐的购物家园，这个家园是以诚信为基础、以让顾客满意为目的的。它不仅带来丰富而有吸引力的商品、温馨优美的环境，更让所有光顾它的顾客感受到物质的享受和生活的美好，从而带来一种崭新的商业文明，让大家能够感受到彼此的尊重和关爱，体会到文明与和谐，得到精神上的满足和快乐，使我们的生活品质全面提升。"

胖东来把顾客当"家人或亲人"来服务，而并非单纯视作利润来源，这份亲情使胖东来员工和顾客的关系超越了"在商言商"的纯粹利益关系，"顾客满意"也就有了更深的含义。

于东来在微博上说："我在柜台做销售员的时候，我也很在意挣了多少钱。但同时我更在意顾客的感受，所以我努力在工作中满足顾客的需求，从商品知识、品类、质量、价格、服务各方面提升自己，顾客满意的时候我心里充满了幸福，这种来自工作的幸福使自己非常充实。因为我懂得为顾客创造快乐，所以我自己也非常快乐充实！"

当胖东来"千方百计"要让顾客满意时，当胖东来不仅满足顾客对商品的需求，还帮助顾客提升生活品质时，这种"人性化"的服务让顾客给予了胖东来最大的认可。顾客满意，是胖东来的企业使命。

实体店的体验式营销

零售行业经营的立足点是经营客流，一家商贸企业的客流量直接决定了零售生意的好坏。胖东来的商场里每天人头攒动，热闹非凡，在许昌和新乡老百姓心目中，胖东来就是繁华商圈的代名词，几乎是老百姓购物的唯一选择。

一般零售企业工作日白天的客流量都不大，但胖东来在工作日的客流量和很多零售企业店庆日客流量一样多。我第一次去胖东来生活广场考察是在一个周四的上午，熙熙攘攘的人流完全出乎我的意料，一般超市这个时段顾客是不多的，胖东来的顾客却络绎不绝、摩肩接踵，而且来者即买，每个人手中都提着东西，闲逛者很少。人们在收银台前有秩序地排着队，收银员手脚麻利地算账、结账，嘴里不停地招呼着顾客。陪同的人力资源部负责人于娟说："今天是顾客最少的，周二我们店休，周三就会有很多人来买亟须买而周二没法买的东西，周四相对人少些，从周五开始顾客都很多。"

"周二店休不会影响营收吗？""不会，他们会在周一提前来买，或者等到周三再买。"这让我内心升腾起强烈的愿望，渴望找到"为什么会是这样？"的答案，这种震撼也是我后来深度结缘胖东来的原始冲动。

川流不息的顾客只是带来超高人均销售额、人均利润率和坪效的前提，更关键的是要让顾客产生购买的欲望，把客流变成购买力。经营客流，就是运用多元化的经营手段，满足被吸引到购买场所（包括实体和虚拟）的人群的体验式消费需求。

对零售企业而言，顾客的满意度高，就代表他们在这里获得的服务比自己预期的要高。从商业角度看，这意味着顾客愿意在你这里重复购买和冲动性购买的概率会大大增加。所以，顾客满意度对零售企业来说十分直接和重要。如果用一个指标来衡量零售企业的经营业绩是否健康、优质和可持续，那么顾客满意度应该是唯一的指标。

如何使顾客满意，把客流变成购买力呢？最有效的就是用体验营销实现顾客满意度最大化（或者叫顾客价值最大化），体验营销具有直击顾客内心的独特魅力。

经济演进的过程随着消费形态的改变，已从过去的农业经济、工业经济、服务经济转变至"体验式经济"。经济发展与社会形态的变迁息息相关，随着科技、信息产业日新月异的发展，随着受教育程度的提高和人性的觉醒，人们的需求与欲望、顾客的消费形态也相应地受到影响。

在所有商品高度同质化的今天，提供给顾客的过去是功能,后来是满足他们需求的服务,再后来是给他们创造价值。当所有的商家都在给顾客创造价值时,你就会发现最后决定谁能胜出的因素变成了顾客体验。

传统经济主要注重商品的功能、外形和价格。体验经济是指企业以服务为中心,以商品为道具(或者叫载体),为顾客创造出值得回忆的感受、体验及思维认同。消费行为则改变为追求感性与情境的诉求,并注重与商品的交流互动,以此抓住顾客的注意力,为商品找到新的生存价值与空间。

管理大师彼得·德鲁克说过:"商业行为唯一有效的目标就是创造顾客。"企业做事的方式往往围绕"事"来配置资源,进而推销给人。而体验营销更多考虑如何围绕"人"来配置资源,把"人"聚起来,把事情做好。

如何在特定的区域清晰地定位出最强劲的消费人群,并能洞察顾客内心真实的需求,进而不断满足顾客的需求,给予超过其预期的商品和服务,是每个商贸企业成功的关键。体验营销需要融入商贸企业各个环节持续做事的方式,使商贸企业的价值和使命真正通过商品或服务传达给顾客。

首先要转变"顾客是理性的"这一传统观念,认识到顾客消费时是理性与感性兼具的。理性是出于对商品的功能性选择,感性则包括了"附加在商品上的象征意义"选择。

清华大学社会学教授罗家德先生曾撰文指出,消费符号化是现代商业的发展趋势。消费不仅是购买有用的东西，而且是顾客用来诉说自己的"语言"。譬如，一件衣服面料成本很低，但如果有了新颖的设计、创意的广告、有趣的促销，这件衣服就被贴上了青春、活泼、典雅、大方的"价值"标签，而这些价值也得到年轻、国际化、反传统等的"社会性"定位。

在富裕的社会里，在温饱舒适已不成问题、任何商品都被"符号化"了之时，人们要买的已经不只是商品本身，而是附加在商品上的象征意义了。

随着"体验"变成可以被销售的经济商品，"体验式消费"或者"符号化消费"的旋风开始席卷全球，继"服务经济"之后，"体验式经济"正大行其道。

胖东来的主营业态是购物中心，购物中心其实代表了人们的一种生活方式。顾客在购物中心不仅为了购物和就餐，还为了寻求体验。

问到如何应对电子商务的挑战，于东来气定神闲地回答："如果电商的确比我们做得更好，能够给顾客带来更多的美好体验和便利服务，胖东来被电商取代也很好啊，市场空间那么大，不做商贸，还有很多事情可以做啊。但是我认为，线下实体店自有它的优势，是电子商务取代不了的。其实，胖东来不惧电商是因为它提供给顾客的是一种体验的艺术，而非简单的商品买卖，这种美好的五星级顾客体验是电商无法提供的。在许昌，胖东来已经成为大家生活中的第三场景，人们已经养成了习惯，上班之余、家庭生活以外，就是到胖东来走上一遭，感受亲情式服务，欣赏展览式的商品陈列。这就是购物体验，顾客从购物的过程中获得快乐。只要我们用心把顾客体验做好了，实体店是不可能被替代的。"

实体店重在营造舒适的购物环境，让消费者享受实地购物、现场试穿的过程，通过深度满足人们爱玩、爱逛的天性来创造购物行为，是以"人"为中心的。网络营销在谨慎理性原则的指导下，以最高的效率实现购物目标，是以"事"为中心的。

所以，实体店要想长足发展就要不断提升对消费者的理解能力，以此指导品牌管理，并努力提升内部管理水平，从而以系统的体验营销方式充分满足顾客在购物过程中的天性需求，最后构成与网络购物相区别的核心优势。实体店只要不断提升体验营销能力，就能在与电商的激烈竞争中立于不败之地。

于东来天生对人性谙熟，以超越商业的服务意识，使胖东来以"顾客满意"为目的的体验式服务发挥到了相当高的水准。

于东来在"体验式服务"这一问题上是有直觉的，开始创业时"以真品换真心"的经营理念就是关乎客户体验的，虽然不一定用这个概念表达。以后的"将心比心"也一直注重顾客的感受,直至"不满意就退货"、服装类的"免费干洗、熨烫、缝边"、电器类的"免费送货,免费维修"、珠宝类的"免费鉴定,免费清洗"等超值服务项目,无不让顾客体验到如沐春风的体贴和关怀。

于东来在微博中曾说:"我们要做的就是尽心尽力提升工作品质,包括商品、环境、服务等。用爱创造工作和生活,懂得对任何事物的尊重,懂得创造爱、分享爱、传播爱,这就是我们的快乐,这就是我们的当下和未来。"

和欧美国家流通零售业高度组织化、大型企业垄断不断加深的状况不同,我国虽然也有若干极具实力的大型企业,但全国性的垄断企业尚未出现。我国呈现出部分大型企业与众多中小型地方企业共存的局面,这种状况会因我国面积大、地域性差异大而长期存在。

我国地域性的中小型零售企业保持着较高的收益率,还能和下沉到三、四线城市的国内外大型企业(沃尔玛、家乐福、大商……)抗衡,并屡有胜绩,胖东来应是其中的杰出代表。

从绝对水准来讲,我国地域性的中小型零售企业无论在经营还是管理上,都有极大的提升空间,而研究胖东来的意义就在这里了。

供应丰富的商品

在许昌,就购物中心而言,和胖东来有得一拼的是大商新玛特。大商新玛特有两家店:大商新玛特总店、大商新玛特鸿宝店。胖东来时代广场和胖东来生活广场与大商新玛特属于相同业态——大型购物中心。就营业面积而言,大商新玛特略胜胖东来一筹。但就经营状况而言,大商新玛特就相去甚远了,胖东来是许昌老百姓购物的首选。

每逢周六周日,胖东来时代广场所在的七一路上汽车就会排起长队。九点半时代广场开门迎宾不久,1.7万多平方米、250个车位的胖东来地下停车场就停得满满的了,必须出去一辆才能开进去一辆;地面上的自行车和电动车停车场亦如此。然而,就是在炎炎夏日,顾客也宁愿顶着灼人的阳光耐心等待,看上去真有点儿匪夷所思。

每逢周二,平日熙熙攘攘的新乡平原路显得平和而安静,因为这一天新乡胖东来闭店休息。究其原因,胖东来的让"顾客满意"不是一句广告语,而是确确实实落到了实处!

胖东来践行其使命,让"顾客满意"体现在四个方面:丰富的商品、合理的价格、温馨的环境、完善的服务。让我们逐一展开。

一般而言,大型购物中心都会把"丰富的商品"作为自己的品牌诉求，为顾客提供满足其需求的商品，打造符合其喜好的卖场，胖东来"丰富的商品"又有何独到之处呢？

胖东来的《企业文化指导手册》对"丰富的商品"有明确的界定。

我们竭尽全力，争取做到每件商品都让顾客满意！

（1）为顾客提供品类多，功能全、区域清晰、层次分明的商品，根据实际情况提供简捷的引导，把商品做广、做深，从商品结构、功能方面满足不同层次顾客的需求和特殊需求。

（2）我们的商品要引领最新时尚潮流和汇集最新的时尚信息。

要做到"每件"商品都让顾客满意，那就要在售前、售中、售后的服务全过程中把所有的服务细节做好，这要求非常高，我们将把它融入让"顾客满意"的四个方面展开叙述。

保障功能消费、引领时尚生活

保持品类的丰富性和宽泛性，可以使顾客有更多的选择。竞争如此激烈，要做到"品类丰富、人无我有"可不是件易事，但这正是顾客选择去胖东来购物的重要原因。

胖东来的商品从珠宝到医药，从手机家电到蔬菜生鲜，从电影院到书店，从服饰鞋帽到餐饮小吃，所有普通老百姓的吃穿用度和娱乐需求一应俱全。在"保障功能消费、引领时尚生活"政策的引领下，日常消费商品的功能性、丰富性与高端潮流商品的引导性相结合，成了胖东来的鲜明特色。

在照相机柜台，商品跨度从千元左右的家用数码相机到数十万元的专业摄影器材。在服饰专区，既有五六十元一件的大众服饰，也有动辄数万元一件的高档成衣。

我的朋友刘滨在上海麦德龙超市做过5年店长，称得上大卖场的行家里手。他得知我在做胖东来的经营研究，就对我说："多关注它的超市，绝对反映了整体经营水平，要特别关注它的生鲜——肉类、鱼类和果蔬，那是超市管理的试金石。"我观察调研了胖东来的几个超市，发现它们都经营得不错，持续盈利，净利率在4%左右，我想"品类丰富、人无我有"的原则绝对功不可没。

人无我有

中国人越来越注重食品的营养价值，倡导多吃鱼、少吃红肉。但许昌一不靠江、二不临海，水产资源不丰富。所以，在许昌若是想买鱼，就非胖东来莫属了。

胖东来时代广场超市鱼课的品种还真不少，河鲜、海鲜皆有。我在鱼类区转悠，一细数，淡水鱼虾有鲤鱼、草鱼、鲫鱼、淡水鲈鱼、丁桂鱼（丁鱥）、鳊鱼、鳜鱼、黄骨鱼（黄颡鱼）、淡水基围虾等；海鲜有花蛤、青蛤、带鱼、黄花鱼、多宝鱼、墨鱼、鱿鱼、马面鱼、鳕鱼、石斑鱼、三文鱼、鲍鱼、波士顿龙虾等。其中，鲤鱼、青鱼用来满足顾客日常生活所需，占比高达 80% ~ 90%；三文鱼、石斑鱼、波士顿龙虾等用来引领时尚、开阔视野、提升顾客生活品质，占比很小。

当然，单品的大量陈列并不等同于商品的丰富。单品的大量陈列基于对价格带和价格线，即对商品构成的认真分析。如果不加分析地大量陈列商品，不可能让顾客感到商品丰富。

价格的种类也不宜过多。如果价格种类过多，而且每个品目之间的差距只有 0.2 元或 0.5 元，顾客在挑选时就会产生很大的困惑。因此，在一个价格带内，组织可比较的价格种类和品目，并把作为比较对象的品目就近陈列，才能创造出品目丰富的效果。

胖东来鱼课在这方面做得比较好，价格带品类选择比较集中，品目之间的差距也比较合理，方便顾客选择心仪的商品。

许昌市民以前较少食用海水鱼虾，但海洋鱼类含有大量的蛋白质、维生素、微量元素等，尤其富含卵磷脂和多种不饱和脂肪酸，引导居民食用海洋鱼类，不但丰富了餐桌，也提升了大众的生活品质。所以即使存在市场风险，胖东来超市鱼课也坚持经营海鲜。

品类齐全

这种"保障功能消费、引领时尚生活"的理念,贯穿超市所有的商品品类。

在果蔬区,水果的种类多达数百种,每个品类的价格带从低到高都非常明晰。以苹果为例,最著名的晚熟苹果品种红富士来自山东、陕西、山西等不同产地,个个光鲜饱满,价格每斤6.5～7.5元,深受顾客喜欢;最贵的要数号称"天下第一苹果"的日本长野苹果,每个180元,我也大开眼界,第一次睹其尊容。

在饮料区,国内外的瓶装饮用水有90多个品种,啤酒有100多个品种。

再看看巧克力,从常见的德芙、费列罗,到售价更高的比利时歌帝梵,应有尽有。

堆头如山

超市商品的丰富不仅体现在商品品类上,还体现在商品堆头上。胖东来超市商品的堆头可以用以下的词组来描绘:堆头如山、品种丰富、气势恢宏。堆头如山是形容商品大量陈列,堆得像小山一样,很充足,让人有很想购物的冲动;品种丰富是指商品按类摆放,类和类之间界限分明,给人以产品丰富、种类齐全的感觉,比如将香水梨、皇冠梨、丰水梨、库尔勒香梨分门别类地排列整齐,自成一格,合在一起又很有整体感。

堆头大,一要营业员很勤快地及时补货,二要对顾客挑拣造成的损耗进行有效管理。很多超市一到傍晚就不敢补货了,而胖东来超市鉴于对自身客流的信心,晚上七八点台面的商品依然非常丰沛,商家敢卖,顾客才敢买,晚上购物的顾客依然很多。

自产自销

商品品类多并不是胖东来的第一追求,保障质量前提下的丰富商品才是胖东来的经营目标。

当市场上出现了无根毒豆芽、染色馒头时,从食品安全、保障健康出发,胖东来斥巨资购买了大型自动豆芽机、自动蒸馒头机。如此一来,胖东来的商品品类中又增加了保证食品安全的主食类商品和让顾客放心的自产豆芽,它们每天都供不应求,成为胖东来超市的一抹亮色。

给了方向,还要给政策

胖东来集团超市部的采购主管叫郭军涛,他不到20岁就跟着于东来创业,虽说是个"80后",却已经是胖东来的元老级人物了。对于超市的商品,他如数家珍。我跟着他转悠,几个品类一介绍,我对"保障功能消费、引领时尚生活"已经有了深刻的印象,奇怪的是,这个理念并不难理解,为什么别的商家就做不到呢?

他的思路很清晰:"现在的时代,商品变化快,顾客的喜好变化也很快,没有足够的新品就难以吸引顾客。'引领时尚生活'说起来简单,执行起来却非常不易,因为时机把握很难,产品引入早了顾客尚不接受,引入晚了又失去了引领作用,都会造成亏损。我们的引领性商品和功能性商品的比例约为2∶8,20%的时尚品有很多都是亏损的,比如售价较贵的日本青森苹果、比利时歌帝梵浪漫心形巧克力、超甜西瓜。超市经营原本不易,很多商家都不愿意承担这样的风险,当然也失去了办出特色、形成核心竞争力的机会。东来哥其实并不会管到很多细节,他不会管我们采购哪些品类的商品,某种商品是进还是不进,什么时候进。但他会给方向、给政策,一定要引领时尚生活,提升生活品质,这是方向。在具体执行中碰到问题,他就会给政策。很多老板会把风险下放到员工身上,引入的新商品如果销售不佳,采购员就要承担损失,以后就不敢去冒这个险了。但东来哥不这样,他要的是'让所有顾客感受到物质的享受和生活的美好',如果胖东来没有足够的新品,怎么能有蓬勃的朝气和活力呢?所以尝试新品的风险都由公司来承担，每年的财务预算会有一项'商品预亏'，专门用来补贴时尚商品引入后的销售亏损。采购员只需用心去分析顾客的需求和商品的趋势就可以了。当然，员工沉下心来做事的结果是既控制了风险，又引领了潮流……"

"那这些销售不佳的商品又如何处理，打折吗？"我追问。

"根据不同品类，快过保质期时确实会打折销售，但打折都是有底线的，因为东来哥说，'商品也是有生命的，它有自身应该具有的价值，我们要尊重商品的价值'。如果打折后依然卖不动，我就会让我们的员工一起来分享，这样既尊重了商品，也让我们的员工了解什么是高品质的生活。"郭军涛和我一直是边走边看地轻松交谈，他并没有刻意准备好回答我的连番提问，足见这些理念已深深融入胖东来日常的企业行为。

借用稻盛和夫先生的一句话——螃蟹只会比照自己壳的大小挖洞。一个企业能走多高多远，和企业家的心胸、格局密切相关。

有了好服务，产品才丰富

许昌其他几家大型购物中心，即便商业面积比胖东来大，在两大类商品上也输给了胖东来。其一是前面所举的水产，其二就是电器。

电器产品对售前、售后服务要求比较高，牵涉送货、安装、维修等环节。这恰恰是胖东来的强项，需要以员工高度的敬业精神和精湛的专业水准为基础。

我给大家讲个故事。

有一次，电器部的安装工人到顾客家安装油烟机，安装完毕后，顾客说："兄弟，麻烦你帮忙把电线给拾掇拾掇，还有那个水龙头也帮着修修吧。"安装工人二话没说，出门买了双面胶，又买了走线槽，按照顾客的要求，把所有东西都修理得妥妥当当。顾客喜不自禁："以后买电器，我都去胖东来。"

大多零售商和厂商的合作都止于销售环节，售后服务一概由厂家负责，由于在服务上无法达到胖东来的水准，也就不能提供更多的品牌供消费者选择。

先质优，再价廉

虽然说要保证商品的丰富性才可以向顾客承诺"总有一款适合您"，但毕竟眼下社会已经进入过剩经济时代，市场也已经从卖方市场转变成买方市场，从成千上万种商品中挑选出市场畅销又引领潮流的商品并非易事，采购员的专业水准至关重要。

"供货商发来的商品信息铺天盖地,你们是如何选择的?"我问郭军涛。

"东来哥首先关注的是商品质量,他在1995年创业之初就做出了'以真品换真心'的承诺,绝对不卖假货,这是雷打不动的。为了提升商品质量,公司制定了相关的商品质量标准、制度、政策,开展培训让员工强化专业能力,不断学习了解商品,包括原材料、设计、加工、成品、定价、损耗等一切相关知识,设计有效的商品流程和工作流程,设立相关的奖惩制度和问题出现时的标准化处理方式,使经营的商品朝着更丰富、更优质、更安全、更健康、更精细的方向发展。我们不断提供更多的质量保证,把商品生产领域的先进技术带入老百姓的生活,为他们提供一个更加健康、安全、温馨的消费平台。在同档次的商品中,我们关注前三或前五名的品牌,首先是品质,然后是性价比。我们像德国的阿尔迪超市那样控制种类,经过综合评价帮助顾客挑选品牌,比如相宜本草、百雀羚、佰草集等这些口碑较好的本土化妆品都在我们关注和选择的范围内。"

急购热线——没有买不到的东西

"我们还有个撒手锏,"郭军涛笑着说,"那就是'急购热线'，顾客想买的东西在许昌买不到，也不用着急，可以直接给胖东来急购热线打电话，胖东来会免费代为采购。您肯定听说过许昌第一高级中学郭宝玉老师'四两荞麦面'的故事，那只是无数事例中流传较广的一个。"

郭军涛只是胖东来庞大的采购员队伍中的一位，但足见这支队伍皆从实践中打磨出来，遵循着胖东来"保障功能消费、引领时尚生活、提升生活品质"的经营理念，兢兢业业地为顾客提供丰富的商品，践行着于东来"通过努力成为当地社区最好、最快乐的购物场所，为消费者带来更多的实惠和便利，提升消费者的生活观念和品质，并携手各商业伙伴为当地经济的繁荣做出贡献"的企业使命和愿景。

谋求合理的价格

当我国的经济体制从计划经济体制转变为市场经济体制时，市场的供求格局发生了根本变化，市场从卖方市场向买方市场转变，市场竞争变得十分激烈，不少企业为了在日益激烈的市场竞争中立于不败之地，用起了价格战的"法器"。

价格战是企业为了生存或挤占市场而采取的一种竞争手段，为了打击竞争对手，企业采用改变商品正常价格的手段，有时甚至以牺牲部分利益为代价销售商品。价格战是企业在特定时期对特定产品使用的一种特殊营销方式，商家常常以"价廉"作为招揽顾客的手段。价格战虽然也可能有一时之效，但是长久来说，因为背离了商品的正常价格，对顾客和商家都会造成损害。

胖东来以"合理的价格"为诉求，谋求合理的利润，保证企业的持续经营，也为顾客带来真正质优价实的服务，我们看看他们是怎么做的。

胖东来《企业文化指导手册》上对"合理的价格"是这样明确界定的：

我们竭尽全力，通过专业批量采购为顾客提供质优价实、安全放心的产品，让顾客得到更多的实惠，不断提高顾客的生活品质！

短短一句话包含 8 个关键词——竭尽全力、专业批量采购、质优、价实、安全、放心、实惠、生活品质。每个关键词背后都有着许许多多动人的故事。

不做促销，倡导理性消费

于东来说："我们在经商开始时的确走了很多弯路，为了平衡低毛利商品的利润损失，部分商品的毛利曾经定得有点儿过高。虽然促销手段短期内能为门店带来人气，却也伤害了购买高毛利商品的顾客。我们通过对国际先进经营理念的不断学习，从 2007 年开始对经营思路做出了及时有效的调整，杜绝暴利商品，严格控制商品的毛利率，在保证质量的前提下制定合理的价格，以商品的质量、品质和种类体现经营，让顾客买到货真价实的商品，培养顾客正确理性的消费理念，学会帮顾客正确理财，不消费无用商品。"

"东来珠宝"的柜台上方挂着一块玫红色的匾牌，上面刻着一段话：

温馨提醒：结婚定亲、馈赠友人，理性消费更幸福。

由于传统风俗的影响，结婚、定亲、生日等购买珠宝黄金饰品赠予对方已成为一种习惯，胖东来珠宝提醒大家：要根据自己的经济现状理性选择，不要承担不必要的经济负担，减轻结婚的经济压力，把钱用在婚后生活实用的地方，更不要借债购买定亲物品，真心为对方及对方家庭着想，让大家喜庆、轻松、幸福地分享新人的新婚快乐及对新人衷心的祝福。

初见此匾，我心头一震。只见过商家千方百计地游说，你不掏钱他就绝不罢休，却鲜见有人苦口婆心地让你仔细考虑，要你捂紧口袋，理性消费。胖东来真心为顾客着想，不做促销，培养顾客正确理性的消费理念，这真是令人感动。

由于商业面积过剩，同质化经营现象普遍，竞争日趋激烈，促销已经成为商家增加销售的重要手段，而且有愈演愈烈之势。一波接一波名目繁多、密集而频繁的促销活动，从周末促销、节假日促销演化成天天促销，以至商家和顾客都患上了"促销依赖综合征"。促销成了常态，正常销售反倒成了例外，由此形成"不促"就"不销"的怪象。

胖东来从不做大型商品促销活动，既没有令人眼花缭乱的促销活动，也不请名人明星造势。商场内外看不见一张广告，商厦外墙的大屏幕和商店内的小屏幕播放的是时政要闻、反映胖东来文化理念的故事、胖东来的员工活动，以及科普和世界人文风光片。胖东来商场开阔的中庭没有促销的花车，不时更新的是具有浓浓文化气息的"顾客拍友"摄影展、"非物质文化遗产"民俗展等陶冶心性和提升文化素养的"非商业"活动项目。"打折"仅作为换季时的正常工作——清仓，由各部门、各品类自行决定。

在胖东来购物，你可安安静静、气定神闲，没有任何广告的喧哗，没有促销员拉客的局促，陪伴你的是优美舒缓的音乐。

一切都源于那些可能在寻常商户看来匪夷所思的认识：胖东来不是以营利为唯一目的的商家，除了满足顾客日常的功能性消费，胖东来还承担着"引导正确消费观念、提升顾客生活品质"的企业使命。

于东来认为，从营运角度讲，促销是把双刃剑，用得好，可以扩大销量，还可以达到打击竞争对手的目的；用得不好，伤的是自己，或者杀敌一千自伤八百。

（1）有些商场本身存在问题，由于促销具有速效功能，做了促销后销量上升，销量上升会掩盖商场存在的问题。促销好似镇痛药，好的医生在患者疼痛难忍的时候会开一些镇痛药，但一定会告诉患者要找出病因，不能滥用镇痛药，否则不但会上瘾还会延误病情，让病情恶化。其实只有把商场的基础工作（包括售前、售中、售后服务）做好，才是长久之计。

（2）疯狂促销看似销售额骤增，其实是提前"透支"了消费，促销过后就会出现销售低谷，商家并不能真正获益。有时还因为打折过猛，损害了自己的品牌形象。促销时销售额稍有提升，促销过后销售额直线下降，甚至降到未促销前的水平。这种促销往往会"促死"自己，在降低企业品牌价值的同时，还使产品的生命周期缩短，加速产品死亡，得不偿失。

（3）频繁促销、降价打折，对商家和上游供应商形成诚信度挑战。长此以往，"明码标价"难以为继，做不到就会影响信誉，对企业品牌造成巨大的损害，结果是得不偿失。

（4）西方管理学从4P理论（产品、价格、渠道、促销），到后来的4C理论（消费者、成本、便利、沟通），皆含有通过促销使企业品牌资产增值的战略目的。但由于短视和急功近利，中国的多数商家都没有把促销作为品牌资产增值的重要手段，以致很多促销活动不仅没有为企业带来利润，反而使企业失去了运作市场的主动和从容。

（5）于东来口头经常说着"尊重"两个字，降价促销其实是对商品真实价值的亵渎。胖东来在处理临近保质期的下架食品时，打折都是有底线的，如果降到底线仍无法销售，那就在员工内部无偿分享，因为商品也有尊严。

从顾客的角度讲，如果商家诚信降价促销，他们也许可以得到一定的实惠，但于东来认为，利弊相比较，还是弊大于利。

（1）如果促销过于频繁，商家"明码标价"的意义何在？迫于零售终端的强势，上游厂家要配合这种大力度的打折，又要保障利润，就可能在价格上不断加码，出现下游猛打折、上游狂加价的"价格虚高"现象，顾客并未得到真正的好处。

（2）由于降价打折的诱惑，顾客（特别是女性顾客）会产生盲目的购物冲动，结果促销活动期间买回去的许多商品，过后却并不使用，非理性购物的恶果会造成很大的浪费，这不是胖东来所期望的。

（3）促销活动无法让顾客满意，更不能带来顾客的忠诚。

长期使用"促销价格战"还容易让顾客患上"促销依赖综合征",而价格导向型顾客则会缺乏扩大消费的意愿,造成"不促销就不购买"的畸形购物心理,这也不是胖东来所期望的。

基于对"引导正确消费观念、提升顾客生活品质"的企业使命的坚守,胖东来放弃了被大多数商家视为营销利器的"促销",他们要坚持合理的利润政策。这种独到的见解和特立独行,在极度浮躁和急功近利的商业环境中显得如此清醒和难能可贵。

专业批量直采

于东来说:"我们根据'合理的价格'的定价理念制定商品价格,并把这种理念逐步延伸到每个商品的分类直到每个单品,我们会朝着这个方向不断努力。我们国家的消费环境使得商品有很多流通渠道,生产厂家对每个城市所供商品的政策也有差别,我们一直致力于通过专业批量直采,在同等级别的城市向厂方争取到最优惠的政策,让顾客买到更物有所值的商品。"

专业批量直采是胖东来谋求合理价格的主要举措:其一,保证了商品畅销品的占比;其二,降低进价,提高了利润率;其三,让利顾客,使顾客真正得到实惠。

建立直采体系

建立直采体系的核心优势是能够提升商品的利润空间。传统意义上，大家都认为只有加价和向供应商压价才能提高利润率，但通过这两种方法获取的利润率只有几个点。于东来认为，盘剥顾客和压榨供应商并非健康的可持续之道，唯有直采才是三方皆能获益的正道。

眼下，胖东来除了品牌服装采用加盟联营的模式，超市、大众服饰、玩具、茶叶，甚至珠宝都采用直采模式，胖东来已经建立和完善了直采体系。

商贸企业的核心竞争力之一就是差异化。真正意义上的商品差异化是要明白，商家卖的不仅是商品，而且是艺术品，这与胖东来"我们这里是商业的卢浮宫"的内涵一致。商品不仅要有功能性，还要有人文性，要用艺术的眼光去鉴赏商品所呈现的美。这是仅签约商家并由商家提供商品做不到的，必须用直采的方式，签约到单品，才能发现真正优质的商品。

直采的另一个好处是砍去了多余的供应链，采购团队直接到批发市场和厂家直采。去厂家采购的主要是时尚商品，通过去厂家（一般是广州、东莞、上海等地的厂家），了解流行色、流行款式以及新品市场价格。由于时尚商品产地离许昌比较远，退换货及售后服务多有不便，所以在了解市场信息和动向之后，胖东来就会去离许昌较近的批发市场直采大宗商品。

现在批发市场的管理都已经比较完善了，并且大多数是一级代理商，价格和出厂价非常接近，而且没有量的限制。找一级代理商直采，商品售价会比市场价便宜一半，因此，节省的中间渠道费就可以更多地让利顾客。

采用买手制

直采既是为了减少多余的中间环节以降低采购成本，也是为了提高商品的畅销品比例。直采首先是对供应商的筛选和对单品的选择，我们把负责单品采购的业务员叫作"买手"，一个买手往往要通过筛选合格的供应商，进而管理上千甚至几千个单品。

采购员和买手的区别在于：采购员只管理供应商，由供应商提供数十到上百款商品，至于这些商品究竟是什么，那就很模糊了，结果只有部分品类商品能被销售出去，其他商品则成为滞销商品或库存；而买手不但要选择合格的供应商，而且要按事先所做的调研向供应商指定所需购买的单品。

传统的采购模式通常只是简单地发现商店需要什么，然后根据需要组织货源，坐在办公室里等厂家来找，之后把商品放到商场里卖给顾客，对市场需求的敏感度不强。

买手制从20世纪60年代开始在国外盛行，特别是在服装、鞋帽等百货行业。买手必须对商品及市场非常敏感，每个买手都对所购买的商品、品牌及市场反应有高度的预见性。知道在什么时间、什么价位购入哪些商品，然后在什么时间、采用什么方式、以什么价格将这些商品卖出去。这需要对市场非常了解，对这个行业的运作非常熟练，对什么样的商品会有良好的回报胸有成竹。所以，一个优秀的买手一定是这个行业的专家。

胖东来采购实行的是买手制。每个买手管一个大类，譬如童装、女装、男装、玩具等。买手也直管每个大类下的若干小类，如童装分类有很多种，胖东来按年龄分类的有婴童装（1岁以下）、小童装（1~5岁）、中童装（5~8岁）、大童装（7~16岁），并一直管至每个小分类的单品。

胖东来文化倡导的"工匠精神"要求每个胖东来员工成为本岗位的专家、本品类的专家，这为胖东来采购推行买手制打下了极为坚实的基础，因为对一个优秀买手的要求，就是成为这一行的专家。

构建自有品牌体系

罗宾·刘易斯和迈克尔·达特所著的《零售业的新规则》一书对未来零售业做出预测：50%的零售企业和品牌将被淘汰，传统零售模式和批发模式即将崩溃，未来零售企业

80%~90%的收益将来自自有品牌。

自有品牌，简称PB，又被称为商店品牌，是指零售企业从设计、原料、生产到经销全程控制的产品，由零售企业指定的供应商生产，贴有零售企业品牌，在自己的卖场进行销售，实质上是零售业的原始设备制造商产品。特点是自产自销，省去许多中间环节，使用自有品牌的商品可以少支付广告费，进行大批量生产、销售，可以取得规模效益，降低商品的销售成本。自有品牌在国外已有几十年的历史，现在也受到中国商业企业，尤其是大型零售企业的重视。

于东来对行业的趋势性发展总是早早了然于心，在自有品牌体系的构建上亦如此。他在许多场合都用英国皇室专用的毛巾品牌克里斯蒂（Christy）来举例，他说："你们看这款毛巾，手感非常柔软舒适，质量也特别好，现在的单价是每条1 000元，批量购买可以5折进货，它的原材料是埃及优质长绒棉，加工地在印度。如果我们自己做，采用同样的棉花、同样的工厂，总成本核算下来还不到200元一条。如果我们没有专业能力，即便实行买手制，找到了优质产品，我们也只能拿500元的进价，这就是空间。所有的商品都是这个道理。当我们能做到自有品牌这一步的时候，顾客买到的东西是多么实在。"

由于对自有品牌在未来经营中的重要作用有清晰的认识，

胖东来自有品牌体系的构建工作一直在有条不紊地推进。服装可能是最容易构建自有品牌的品类，本着先易后难、循序推进的策略，大众服饰部自主开发的莎珂琪男式T恤，从布料、染色、图案、样式、板型到成衣制作，胖东来都有自己的主张，并选择合格的生产厂家代为加工生产。

大众服饰部部长郭丽君说："王老师你看，同品类、同档次的T恤进价是139元/件，售价是349元/件，而我们的自主品牌莎珂琪，成本价是35元/件，售价是79元/件，同样品质的商品，顾客得到多大的实惠呀！"

"开发自有品牌，不仅涉及市场调研、搜集市场产品趋势信息和顾客喜好变化信息，还涉及产品研发——服装设计，我们目前的水准还只是从畅销品中挑选有市场潜力的服装式样稍作变化送样加工。按照东来哥若干年后胖东来要有工匠级员工的构想，我们胖东来一定会有自己一流的服装设计师！"这位跟随于东来创业十多年的"80后"高管信心满满地说。

合理的价格，看似简单的5个字，却关乎胖东来的经营哲学。因为追求合理的价格，保持合理的利润率，才能保证公司的持续经营，才有能力照顾好自己的员工，才能保证商品质量真正惠及顾客。

营造温馨的环境

未来的商贸和传统的商贸一个根本的差别在于,未来的商贸不是"卖商品"而是"卖生活"。从顾客的角度讲,未来的商贸除了满足顾客的购物需求,更要满足顾客购物的愉悦感。所以,未来的商贸除了要在商品、价格、服务方面不断提升和完善,还要尽一切可能打造温馨的购物环境。而胖东来的购物环境已经获得顾客和到访者的赞美了。

胖东来在《企业文化指导手册》中对"温馨的环境"是这样界定的:

国际化、人性化的卖场设计,布局合理、通道宽敞、明亮整洁、音乐动听、温馨舒适,让顾客在这里能得到美的享受,充分享受购物带来的快乐和满足,如同家一样的感觉。

国际化、人性化的卖场设计

如果仅仅是功能性购物,基于时间长、停车难等众多因素,顾客也许就不去大型购物商场了。但人的天性中就有"玩"的喜好,"逛商场"也就成了一种生活乐趣。于是,卖场设计的国际化、时尚化、人性化就显得极为重要了。

国外的时尚之都我去过不少,伦敦、巴黎、罗马、米兰等,像老佛爷、巴黎春天这类大型购物中心也没少进,但胖东来时代广场与之相比毫不逊色。

胖东来时代广场2009年建成开业,但拿它和新建的商厦比丝毫没有落伍的感觉,于东来对时尚的感觉超乎常人。

这并非夸张,起码在许昌,去过胖东来可能就不想再踏进其他购物中心了,且不谈商品,首先就在于它温馨舒适的购物环境。

硬件一定要硬。于东来堪称硬件发烧友,他说:"如果商场连品质都没有,又怎么给顾客创造生活品质呢?"所以,胖东来所有的硬件设备都是最好的。

记得第一次我和德胜洋楼企业文化总经理赵雷一起到胖东来,于东来亲自陪同我们参观。"带你们到各处转转!"于东来兴致勃勃地说。

惊诧于一个四线城市有如此高档的购物环境,我和赵雷表现出极大的兴趣,受我们情绪的感染,于东来也谈兴甚浓。"内行看门道、外行看热闹",对于商贸,我和赵雷都是外行,首次"光临"胖东来,也只能先从硬件上去体验外界盛传的胖东来的好。

胖东来时代广场共有6层,1~5层是经营区,6层是办公区和员工休闲娱乐中心。参观就从一楼开始,逐层往上。

踏进商厦大门,首先映入眼帘的是擦得锃亮的地面,没有一丝污垢，没有一条裂缝，没有一处哪怕细微的破损，像镜面一样有反光的效果，难以想象它已经经历了5年每天数以万计顾客的踩踏和超市购物车的碾压。"我买的是质量最好、最贵的地砖，请的是质量最好、工价最高的施工队，你看它像是使用了5年的地面吗？"于东来骄傲地说，就算在国内外顶级商场开过眼界的我，也觉得难以置信。

上到二楼，于东来说要带我们去洗手间"观光"。"有什么特别之处吗？"我暗想。

走进洗手间，没有一丝异味，洗手台和大镜面用刮水器和抹布擦得没有一点儿水渍，地面也洁净干爽。保洁员手脚勤快，扶老携幼，忙而不乱。于东来指着锃亮的感应式水龙头说："我买的是日本名牌TOTO的，用到现在还锃亮如新。"又指着干手器说："这是日本三菱生产的，近万元一个呢！"于东来眯着眼把手伸进干手器，很享受地让暖风呼呼地吹着："我买的设备可都是最好的！"顾客使用的是五星级酒店水准的洗手间。

走进四楼的游戏厅，里面可谓人头攒动，没有一台游戏机是空着的。"生意这么好，人这么多啊！"我不由得感叹。"我们的游戏机功能都是顶级的，这个游戏厅我们投资了700多万元呢！"人实在太多了，我们只能在人群的缝隙中穿行。"许昌只有你们一家游戏厅吗？"我问。"不，是游戏机功能这么强大的只有我们一家,所以不但许昌,连周围市县的人都喜欢来我们这里玩儿,人自然就多了。"看玩家玩得如此尽兴,于东来也喜滋滋地一直在乐。

而六楼的员工休闲娱乐活动中心,配备的也是最好的乒乓球台、台球桌,最好的按摩椅,最好的跑步机等健身器材。

总之,就于东来而言,一切硬件都要选最好的,要几十年都不显落后。当然,这已经不仅仅局限于硬件,而是延伸至经营、管理、生活品质,延伸至一切的一切。"我要的是最好的!"——这是于东来的哲学理念。

整洁明亮

在时代广场,不仅是商场地面纤尘不染,就是巨大的地下车库(1.73万平方米)也洁净如洗,连一条车辙印都没有,这让前来考察的人直呼"不可思议"!

山西的一位老总,有4万平方米的在建商铺,慕名远道而来向胖东来学习,参观完六楼的员工健身娱乐中心,站在出口处他陷入沉思。我上前搭话:"李总,您觉得怎么样?"他连连摇头说:"做不到,做不到,我做不到!保持整洁是有成本的,要做到并保持这么干净,得多少成本哪!我很难做到,或者说根本做不到啊。"

胖东来追求的"整洁明亮"可不仅表现在地面整洁上，经营生意的老总们在观察业务经营时最容易体现整洁程度的细节后对我说："王老师，我们也算超市业的资深人士了，走过看过的企业不在少数，今天考察胖东来，真的是心服口服。这超市购物车是最体现保洁水平的，胖东来的购物车每一辆都擦得锃亮，货架的顶部、底部没有一处存在卫生死角，我们特别想知道于东来是怎么做到的。"

"于东来有'洁癖'，你们有吗？"我开玩笑说，"一个男人这么爱干净，真是奇葩，可不多见！"于东来爱干净是出了名的，说说他的家，当然现在是有条件了，但就算在创业之初，只要手里稍有几个余钱，他就开始装扮他的"小屋"：糊上雪白的墙纸，床前铺条小红地毯，除夕窗外鞭炮声不断，于东来在干净的房间里美滋滋地独乐。从生活延伸到工作，他见不得商场里有一个卫生死角。

如此"整洁明亮"是如何做到的？来访者都特别关心，我认为可以从以下两个方面来讲述。

保洁员高度的敬业精神

在胖东来，无论是购物还是考察，你时不时都会和保洁员零距离接触，她们的敬业精神引发了无数人的赞叹，你可以在所有考察者撰写的文章中找到对保洁员的高度肯定。

《商业评论》杂志刊登的《胖东来：用爱把零售做成艺术》一文写道："走入胖东来的购物中心或者超市，有两个现象在其他商场很难看到，一个是营业员时不时地在擦拭自己的柜台玻璃，另一个就是走到哪儿都会遇到一两个保洁员在通道上卖力擦地，那股认真劲儿就像给自己家打扫卫生。"

《中国人力资源开发》杂志刊登的《胖东来商贸：商业理性与组织人性》一文写道："胖东来员工在地面保洁方面确实下了很大的功夫，至少有四种办法：一种是开（清扫）车擦地；一种是拿小抹布一点一点地擦；还有一种是拿着小刷子，刷瓷砖之间的缝；最后一种让我吃惊，两位女员工正在做一组配合，一位女员工在前面拿着一把最常见的拖把拖地，后面那位女员工则在地面上撒上适量的锯末子，拿着一把大排面的拖布，把刚刚拖过的地面用锯末子晨干，两个人这么推着走……胖东来的做法，会让你体会到什么叫用心良苦。"

员工高度的敬业精神源于胖东来对员工的爱，源于胖东来对员工和他们工作的尊重，当然也源于胖东来给予了他们无后顾之忧的生活保障，前文已有详述，此处不再展开。

该花的钱就得花

除了舍得把钱分给员工，于东来在企业管理上也很舍得，对于该花的钱从不吝惜，胖东来的"明亮整洁"确实是用钱换来的。

胖东来时代广场的总保洁面积近6万平方米。保洁员有近300人，人均保洁面积在200平方米左右。工作时间和当班营业员相同，也采用半天工作制，上午班是9:30—13:00，下午班是13:00—21:30，日均工作6小时。

我为此专门咨询了从事保洁行业的苏州美那物业管理有限公司总经理李娜，得知商业物业的保洁用工人数根据保洁要求会有差异，保洁要求低的在2 000平方米／人；保洁要求高的在1 000平方米／人，通常是8小时工作制。保洁员要负责那么大片的面积，难怪我在很多商城和超市里几乎遇不见他们。

比起富丽堂皇的商场大厅，洗手间大概是最不起眼的地方，可是胖东来却格外看重。时代广场每层有两个洗手间，每个洗手间男女各6个隔间，男洗手间另有5个小便池，洗手间外面是公共洗手台，总面积并不大。每个洗手间日均配备3名员工，其中两人和当班营业员一样上半班，另一人上行政班，即和行政人员一样每天9:30—19:00上班，以应对客流最多时的清扫需要。

胖东来还有着最密集的垃圾桶布局——每15米一个，也是擦得锃亮、光可鉴人。此外，胖东来的非机动车停车广场也格外整洁有序，时代广场有23名员工负责管理电动车，7名员工负责管理自行车。

胖东来保洁员的工资并不低，人数又远远高于普通购物中心,难怪那位专程来胖东来学习的山西老总敬佩之余直呼自己负担不起。

那么,于东来对此又是怎么想的呢?他说:"首先是我喜欢这样整洁优美的环境,也特别希望为我们的顾客提供这样整洁明亮的购物环境,这是根本。即便是在商言商,我也觉得有些企业主太短视,并不会算大账,我多雇了100名保洁员,看似可能每年多花了1 000万元,但因为提供了良好的购物环境,顾客愿意来胖东来,总的绩效提升远远不止1 000万元。所以我一直秉持这样的观点:其一,多为顾客着想,把服务做到极致,包括环境;其二,不吝啬该花的钱。"

"我什么时候最开心?就是早上商场刚刚开门、顾客还没进来的时候。为什么?那时整个商场非常整洁,非常漂亮,有时候我都不舍得让顾客进来,不想让任何人来破坏这种完美。"于东来感慨地说。

温馨舒适

人性化的动线设计

好的卖场就是能够将最多的商品在最多的购物者面前展示最长时间的卖场。换句话说,好的卖场就是将商品放在人们的行进路线上和视线范围内并能让人们考虑购买这些商品的卖场。因此，聪明的卖场总是依照人们怎样行走以及看什么地方来进行设计，顾客进来之后会按照我们设计的思路一步一步把整个卖场全部逛完，而且非常享受。这是一般常见的动线设计思想，所以一般商场上了一层楼，再要上一层楼的时候，就必须绕上一个大圈子。

而胖东来的动线设计就非常人性化，如果你不想逛这个楼层，拐个小弯就能乘自动扶梯去另一个楼层。

胖东来的店面环境豪华典雅，又不失简洁明快，首层层高5.5米，二层以上层高4.5米，所有的通道都十分宽敞。胖东来认为，商场每层必须配备多部双向电梯，最好另设两部观光电梯，给顾客上下都畅行无阻的感觉。

温度宜人

河南的气温近年来直逼长江中下游的火炉城市，尚未到夏季，室外温度就经常达到38℃。胖东来商场的温度则舒适宜人，四季恒温，保持在26℃，保证了顾客购物和员工工作的舒适度。

有一天早晨，尚未正式营业，于东来发现商场的中央空调没有打开，就询问是怎么回事，店长回答说因为还没有顾客进场，于东来马上正色说："我们的员工不是都已经上班了吗？要为他们创造舒适的工作环境，这种不该省的钱不要去省。"

重视顾客休息场所

胖东来商场所在地慢慢地都成了核心商圈。核心商圈的商用面积可谓"寸土寸金",多数商家都尽可能多地挤出场地用于出租或陈列商品。但在胖东来,每一层都留出了相当大的面积设置座椅,让顾客落脚休息。每个楼层过道和电梯间也都设置了顾客休息区,逛累了,在舒缓悠扬的音乐声中歇歇脚、缓口气,冬暖夏凉,舒适无比。

商品陈列

胖东来温馨舒适的环境不仅体现在卖场的整体设计上,商场的商品陈列美感也让顾客觉得是一种享受。

以超市为例,进入胖东来时代广场的超市,你会感到商品的陈列特别整齐,就像士兵列队一样。饮料货架上的果粒橙、蜂蜜柚子茶、蓝莓果汁等,按颜色组成了漂亮有趣的图案,商标齐齐朝外,面向同一角度,显得一丝不苟。

蔬果区的商品陈列同样可圈可点。绿叶菜摆放错落有致,极少有坏斑烂叶,为了保证新鲜度,蔬菜区设有喷雾装置,需要洒水的、严禁沾水的果蔬之间泾渭分明,它们都鲜活可人,让人极有购买欲。

胖东来说要用温馨的环境赢得顾客的满意,于是下了功夫来兑现承诺。难怪但凡有亲朋好友到许昌,当地人都要把他们带到胖东来去逛逛，那里俨然成了一处观景胜地。

在这一节末尾，让我们来听一听于东来关于环境的一段内心独白。

随着社会环境的不断发展，老百姓生活品质的提升，人们对健康的要求越来越高，谁不希望我们生活在非常整洁、温馨、美丽、健康的环境里！

众所周知，现实社会人们缺乏爱护环境的意识，而我们希望更多的人都能认识到环境对我们每个人的重要性。如果我们每个人都能培养很好的个人习惯，勤奋、整洁，那么我们的社会体现出来的整体风貌将是多么美好！所以我们制定了很多相关标准、制度和政策，激励大家向更好的方向发展，所以胖东来的门店越来越整洁、漂亮。而相对于这些，更大的财富是我们的员工能养成这种好习惯，并把这种习惯带到他们生活的每一个地方，既提升了自己，又能影响身边的每一个人。

大家想想，如果我们城市的每家饭店的老板对员工、对顾客都很好，员工很努力，饭店都非常整洁，碗、筷子、餐巾纸都能让顾客完全放心，饭菜健康又安全，其他的商场和门店也都是这样；我们的街道和农村是整洁的，见不到白色垃圾；我们的河流和水塘流淌着清澈的水；我们的田野绿树成荫；我们的空气是纯净的；我们的天空是湛蓝的；大地上的每一个人都是善良的、幸福的，你们说这样不好吗？

不是我们做不到,只要我们行动起来,我们的家园就一定会越来越美好!我相信胖东来人和更多有爱心的人会做这个榜样,这是多么有价值和有意义的事情,为大家,更是为自己!

提供完善的服务

商贸服务业的成功就是让顾客满意。为了达成这个目标,首先必须提高作为前提条件的员工的满意度。没有感觉到被公司尊重的员工是不会尊重顾客的。而且员工需要从理论上理解为了提供完善的服务需要什么,该怎样做效果会更好。只有员工理解并认可公司的文化理念,他们才会去努力。

"完善的服务"是胖东来让"顾客满意"的企业使命中最核心的内容,是胖东来的核心竞争力。

胖东来的《企业文化指导手册》对"完善的服务"的界定极为详尽:

服务目标: 为了让每一位顾客开心、放心、满意!

胖东来强调对"每一位"顾客,不论贫富,不论是否购物,一视同仁地给予尊重和热情。胖东来把"完善的服务"归纳为主动、热情、细心、专业,体现在员工的热忱、服务的标准化和专业化上。"顾客满意"则表现为开心、放心、自由、幸福、选择和享受。

在这些清晰的文化理念的引领下，胖东来"完善的服务"得到了充分的执行。

服务贴心，顾客才会认同

去胖东来参观考察的团队很多，他们首先接触到的便是胖东来的员工，也会目睹这些员工为顾客提供的热心、贴心服务。

商厦前的广场上有多名保安，当你走近时代广场时，服务就开始了。那些保安除了引导车辆、维持秩序，还会扶老携幼，帮助进商场的老人上台阶，帮助购完物的顾客提重物，或把购物手推车推送到上车地点。遇到刮风下雨，他们会撑着巨大的摆摊用的遮阳伞迎送客人。遇到节假日顾客购物多，客流量大，管理人员甚至会下到一线，帮助收银员撑袋，帮助顾客推车。遇到年老体弱的，他们甚至会推着购物车，一直推到小区，帮顾客把东西送到家。

进入商场，每个楼层自动扶梯出入口总有数名专职服务人员站立着搀扶老人和孩子，并不断轻声提醒乘客注意脚下安全。每个柜面都有营业员微笑相迎，耐心、仔细、专业地为你介绍商品。

我的一位朋友曾随考察团队到胖东来电器城，原本她只想感受一下营业员的服务，也想买台净水机，就去相应的柜台咨询。柜台女营业员询问了她的心理价位，推荐了几款，然后从品牌到功用、从内部构造图到产品性价比、从使用注意事项到维修服务，通通讲了个遍。她很快产生了信赖感并有了刷卡结账的冲动，同行有人提醒说："你买了还得大老远地带回北京！"她这才作罢，但还是说："回北京我也不用挑了，就买她推荐的这一款。"

一次和于东来对话的会场内有80多位企业家学员，我们特意做了一个现场统计。主持人请在胖东来买了东西的学员举一下手，85%的人举了手。主持人又请在胖东来购物超过500元的学员举手示意，60%的人举了手。

胖东来内部曾编写过两本名为《讲述胖东来和您的故事》的小册子，共有196篇温馨小文。令人吃惊的是，其中很多文章都是顾客撰写投稿的，讲了很多和胖东来员工之间的动人故事，那份真情实意读来令人动容。其中一则故事，我很想与大家分享。

故事的主人公是超市部的常雅莉，一天有位女顾客带着一个两岁左右的男孩来到她面前，亲热地说："妹子，你不认识我啦？"每天接待顾客无数，常雅莉一时没能想起来，那位女顾客见常雅莉一脸茫然，就提醒说："不记得啦？你还给我儿子喂过奶呢！"

原来两年前的一天，常雅莉推着一辆购物车走出电梯口，突然听到"哇哇"的啼哭声，只见一位刚做父亲的男顾客手足无措地抱着孩子站在那里，常雅莉赶紧迎上前去询问："大哥，孩子是饿了吧？"那位顾客连连点头："孩儿他妈进超市买奶粉，进去好一会儿还没出来，孩子估计是饿了。"说着说着，孩子哭闹得更厉害了，小嘴都哭紫了。常雅莉说："我给你抱会儿吧，也许会好点儿，我也刚做妈妈。"孩子到了常雅莉怀里就不怎么哭闹了。常雅莉对那位男顾客说："我给你去广播里找一下，让你爱人快些出来。"

通知完广播室正在等待的时候，孩子可能真饿坏了，又大声哭闹起来，常雅莉和那位顾客打了个招呼，把孩子抱到更衣室里喂奶。孩子吃饱后就甜甜地睡着了，常雅莉回到电梯口时，那对年轻夫妇已经等在那里了。等把熟睡的孩子交给他们时，那对不善言辞的夫妇一个劲儿地道谢。

时光飞逝，一晃那都是两年前的事了，但顾客并没有忘记。

胖东来官方网站上有个"人物专访"栏目，介绍胖东来优秀员工的事迹，赵春华、王冬霞等企业榜样都名列其中，这份人物名单随着时间的推移不断变长。

服务不断创新,才有核心竞争力

从1995年成立之初,胖东来"以真品换真心"的真诚服务就牢牢系住了所有顾客的心。自那以后,胖东来从未停止服务创新的步伐,这种源于企业文化的服务创新,包括以下几个方面。

免费,商业模式的颠覆式创新

1999年9月,胖东来第一家专业量贩店——名牌服饰量贩店开业,同时推出"免费干洗、熨烫、缝边"等超值服务项目。

逐渐地,随着胖东来业务和业态的发展,"免费服务"的内容不断增加,后来成为一个系列,免费服务项目多达几十种。

对于商贸行业而言,一套健全的服务体系是保证企业顺利运营的基础,而免费服务可视为所向披靡的制胜利器。

似乎直到今天,"免费服务"的重大作用才逐渐被企业家认识到,而于东来早在1999年就将其付诸实践了。

实行"免费服务"的初衷,是为了顾客的方便、放心和快乐。高档服饰的干洗、熨烫、保养专业性很强,对顾客而言是劳心费力的事,有人免费代为操心,那当然求之不得了。

即便在商言商，免费服务也不是简单的方法创新，而是商业模式的颠覆式创新。把原有的收费变成免费，表面上看是损失了一些利益，但只要能为顾客创造价值，自然就会产生商业价值。

不管什么产品（服务也是产品），一旦变成免费的，价格变成零，那就彻底消除了价格门槛，改变了游戏规则，这对竞争对手的冲击力是相当大的。

想当年，中国互联网行业最早进行颠覆式创新和免费革命的是淘宝。淘宝当时曾和易贝对决，一开始的市场规则都是实力强大的易贝制定的，例如，易贝对买卖双方收取交易费，对卖家要收店铺入驻费。为了维持这套收费体系的运转，易贝严禁买家和卖家直接联系沟通。

如果当时淘宝遵循同样的游戏规则，它就永远无法打败易贝，因为易贝要钱有钱，要品牌有品牌，要资源有资源，会用整个生态链压垮淘宝。

马云的淘宝采用了免费模式，一举击败易贝。易贝对买卖双方要收交易费，而淘宝就对买卖双方都免费。

于是买家卖家纷纷到淘宝购物，这直接颠覆了易贝，在世界各地战无不胜的易贝，却在中国遭遇滑铁卢，进而彻底退出中国市场。

淘宝靠免费服务完胜，成为战胜外企的佳话，成为中国互联网一代霸主。

胖东来也有同样可圈可点的胜绩。

2005年胖东来进军新乡，一年后就成为新乡商贸的龙头老大，其中免费服务就曾在商战中大放异彩。因为免费停车、免费打气、免费提供修车工具、免费存包、免费给手机充电、免费送货、免费维修、免费干洗、免费熨烫、免费缝边、免费修鞋，甚至不管顾客去哪里购物都可以在胖东来免费停车，不管顾客在哪里购买的衣服鞋子都可以到胖东来免费干洗、熨烫、缝边、修补，这让顾客觉得真正有了当"上帝"的感觉，纷纷到胖东来购物。

当世纪联华、丹尼斯、平原百货等企业如梦初醒、陆续跟进的时候，才发觉江山已失，为时已晚。

胖东来的免费服务项目还在持续增加：免费的珠宝鉴定、维修，免费的家电维修，等等。而顾客对免费服务的认知也在不断提升：一开始在乎的可能是省几个钱，逐渐地对胖东来"以顾客为尊"的文化有了更多的感知，对这个企业产生了深厚的感情，最后发展成一种忠诚。

不满意就退货，以顾客为中心

在胖东来所有的服务里，"不满意就退货"是一个亮点，一大特色。

1999年11月，胖东来公司下属7个连锁店同时推出"不满意就退货"的超值服务承诺。

"不满意就退货"秉持的是"一切以顾客为中心，以顾客满意为出发点"的文化理念。

胖东来的"不满意就退货"是"无理由退货、无条件退货"，但凡顾客在胖东来购买的商品，无论是对颜色、质地、款式、价格等商品特征不满意，还是仅仅出于自身原因，只要在规定期间退货，胖东来不问原因都会马上办理。相较于许多商家"商品出售概不退换"，或者寻找种种理由拒绝或拖延退换货，胖东来的"不满意就退货"无疑给顾客购物上了一道保险。家里可买可不买的东西随随便便就买了，不再犹豫，因为可以随时退货，没有后顾之忧，这确实带来了不少销售额。

有一次，于东来的朋友、《商业评论》杂志出版人曹阳先生和于东来聊天，问了一个萦绕在他心中很久的问题："很多大型百货商店、购物中心在国美、苏宁模式的冲击下，都不再经营电器了，胖东来是靠什么与之抗衡并胜出的？"于东来还没有言语，大智若鱼火锅投资人秦川解了曹阳先生的疑惑："我们有一台美的十升热水器使用一年坏了两次，这应该是厂家的产品质量有问题，胖东来的售后服务人员来店尽心修过两次。第三次发生故障的时候，胖东来的工程人员说，不要修了，拿上发票去退货，换一台吧，选个品牌质量更好些的。"

秦川怀疑自己听错了："用了近一年还能退货？也不用一级一级汇报请示？"但事情确实是这样办理的，同期购买的另一台也一起退了，买了两台新的。旁边的董事长王丹接着说了更不可思议的事："在胖东来买的电器，如果一个月内厂家或商场搞活动降价，可以拿上发票去补差价，如果你没顾上，他们还会打电话来询问提醒，我们在胖东来为员工购买的电视机、洗衣机给我们退过好几次款呢！"听后全场都沉默了。

由此我们就可以知道，国美、苏宁也曾进过许昌但最后无法立足而撤出的原因了。

但是，推行"不满意就退货"存在很大的风险，需要有非常大的魄力，尤其是如何对待"恶意退货"的顾客。

实施"不满意就退货"的初期，连胖东来的管理层都有顾虑，害怕遭遇"恶意退货"，也确实遇到过自以为聪明想占小便宜的顾客。譬如在《讲述胖东来和您的故事》一书中，有一篇题为《妻子三"骗"胖东来》的文章，说妻子如何把自己穿坏的鞋、穿过的衣服、看过的碟片拿去退货的经历，以及最后的醒悟。

出于于东来对人性的信任——他认为大多数人是诚实的，认为大多数犯错的人是可以被教育以至被感化的，胖东来坚定不移地将此项政策从1999年执行至今没有动摇，也没有放弃，这项政策最终成为胖东来的制胜利器。

设立服务投诉奖，完善顾客监督

任何制度，如果没有督察，没有奖惩，就会形同虚设，成为一纸空文。对于服务质量，胖东来从内、外两方面齐抓共管，实施监督，加以完善。

2000年7月，胖东来设立服务投诉奖，奖金100元；

2002年11月，胖东来成立客诉服务中心，开通免费电话，进一步加强顾客监督，完善顾客服务；

2008年8月，顾客服务投诉奖奖金提高至500元，进一步强化外部监督；

2011年5月，胖东来开始执行《客诉补偿标准》，此项标准对商品质量、顾客服务有了更高、更清晰的执行标准；

2013年4月，全公司开始执行最新版《胖东来客诉处理标准》及《顾客投诉流程》；

……

标准总在提高，服务创新从未停止！

胖东来将投诉中的不满和抱怨信息加以分析和对比，然后认真改善商场的服务水平。在一次中高层管理人员会议上，于东来调侃说："我为什么说'能花钱解决的都不是事儿'呢？花钱解决投诉，节省了我们很多精力，而且我们也不赔呀，对顾客的投诉我们会认真分析，吸取经验教训，避免以后发生类似的事情，我们得到了提高，顾客也高兴，这多好啊！"

美国《哈佛商业评论》的一项研究表明，公司利润的25%～85%来自复购的顾客。胖东来实施的"免费服务""不满意就退货""顾客投诉处理"构成了一个完整的体系，使"顾客满意"真正落到了实处，也形成了顾客美誉度和忠诚度。

独立经营，自主提升服务水准

我在前面提到驱动力3.0的"自主"模式，胖东来在第一家分店成立时，采用的就是以部门和门店为经营核心的独立经营模式，而非以总部高效运营为核心的模式，这大大发挥了各级管理人员和一线员工的积极性，保证了服务水准的不断提升。

如果每家企业都能让顾客满意

胖东来完善的服务得到业内外一致的赞誉，但于东来并未满足，他说："为了让顾客对他们所购买的商品真正放心，我们推出'不满意就退货、退差价、顾客投诉奖、售后服务的跟踪与处理标准'等很多措施来保证消费者的利益，这完全是由于我们的专业能力保证不了顾客的利益而推出的办法。我们一定要提高自身的专业能力，让顾客不需要为退货浪费时间，让顾客没有必要投诉，这样才能真正让顾客满意。只有顾客开心、放心、满意，我们企业的理念才会得到更多人的理解与支持，我们的生活环境才会更温暖、幸福。"

对胖东来员工的专业能力顾客已经非常满意了，于东来却说："我们的发展中还存在太多不足和问题，以100分为满分的话，现在的状况只能打5分，还有很大的提升空间。但我相信，我们胖东来人会健康成长，更好地体现自身的价值和能力。"

于东来还说："让每位顾客满意不是说在我们嘴边的一句话，而是我们经商人的责任和使命，更是我们崇高的精神价值和自我价值的体现。服务的内容很广很深，涉及企业商品、价格，环境，售前、售中、售后服务的各个方面。只要我们坚持正确地向善良的方向发展，围绕顾客利益、社会利益、员工利益不断努力开展工作，注重每个细节，处理好每个案例；只要我们有魄力做到首先承担责任，用智慧、用一颗宽容的心处理问题，把坏的事情变成好的事情，让顾客由生气到感动，那么我们身边将呈现出无穷的大爱的力量。每个胖东来人爱护我们企业的品牌和自己的事业就像对待生命一样，如果每家企业都这样做，我们的社会一定会更美好！"

有道是："地在人失，人地皆失。地失人在，人地皆得。"这句话蕴含着最朴素的商业规律和哲理，即企业只要关注顾客的需求，满足顾客的需求，为顾客创造价值，自然会产生商业价值，也会产生社会价值。这正是企业家的社会责任！

5

文化立企
文化强企

▼

于东来希望,胖东来的企业文化不仅能指导员工如何工作,还能指导员工如何生活。

▶ 彼得·德鲁克曾指出：管理，应以文化为基础。
什么才是企业真正的核心竞争力？什么才是中国企业未来 30 年的商战决胜之道？答案毋庸置疑——企业文化！我们希望通过对胖东来企业文化建设的解读，提供一个中国优秀企业"文化立企、文化强企"的经典案例，也引发中国企业界对企业文化建设进一步的关注和实践。

"东来特色"的企业文化

企业文化并不是讲在嘴边、印在纸上、贴在墙上的标语和口号。它是对企业究竟要什么的深刻洞见，是企业全体成员发自内心的不懈追求，是融进血液里、落实到行动上的一份执着。

于东来根据自身的理解将其定义为：**企业文化是企业员工当下的工作方式和生活方式、思维和行为的依据**。因为他希望胖东来的企业文化不仅能指导员工如何工作，还能指导员工如何生活，可谓"东来特色"。

于东来说："我们做商场，并不是为了取悦别人，而是为了让自己开心、让顾客开心，我们心里要有爱……"这是对如何工作的指导。

他说:"我们为什么要有这些文化理念?因为我们想要快乐、想要幸福、想要健康、想要整洁,我们真正想要自己过得更有品质,让我们的生命更精彩!"这是对如何生活的引领。

他又说:"一定要完成从奴性到理性再到个性的跨越,这是胖东来文化的核心。"这是对思维和行为的指引。

人是社群动物,社会的和谐发展需要理性约束下的自由、公平、正义、博爱。所以,在摈弃奴性后必须在价值观的基础上发展独立个性,获得丰富多彩的幸福人生。这是胖东来文化最重要的内核。

东来文化的异质性

企业文化反映企业的主流价值观、思维和行事方式。这种价值观、思维和行事方式可以使一家企业基业长青,也可以使一家巨型公司一夜破产。

企业文化的一个重要特征是它的异质性,没有哪两家企业的企业文化是完全相同的,这种异质性造成的不可模仿性才是企业的核心竞争力。异于其他企业的"东来企业文化",成就了今天的胖东来。

胖东来在与大商、丹尼斯、沃尔玛的同城对决中皆以胜出告终。这几个竞争对手均非等闲之辈,外界对此都充满好奇并津津乐道。可于东来的头脑却非常清醒，没有半点儿沾沾自喜，他认识到胖东来与上述三家公司是因价值追求不同，才引发了不同的发展战略和经营结果。

美国哲学家威廉·詹姆斯说过："人的思想是万物之因。你播种一种观念，就收获一种行为；你播种一种行为，就收获一种习惯；你播种一种习惯，就收获一种性格；你播种一种性格，就收获一种命运。"

企业创始人与最高管理者的思维就好比核裂变中的中子，将思维融合、固化成制度，引导员工的行为方向，就像中子引爆核弹。当员工将核心思维通过行为外化时，不可抵挡的整体力量就产生了。

核心思维集中通过企业愿景、企业使命和企业价值观来体现。不同的思维（愿景、使命、价值观）导致不同的发展战略和策略，导致企业不同的市场行为，也决定了最终的结果。我用胖东来和大商的愿景、使命、价值观试举一例。

胖东来

愿景：让我们这里成为商品的博物馆，商业的卢浮宫，再过一二十年，胖东来放到世界的任何地方都是一流的，我们的事业也许不是最大的，但我们一定要尽全力把它做成最好的、最稳的、最快乐的。

企业不应以规模和大小来衡量，而应以质量和内涵来评判。

使命：传播商业文明、提升生活品质、分享生命快乐！

价值观：公平、自由、快乐、博爱。

大商

愿景：创建享誉世界的大公司。无限发展，即大商的事业永续发展、永无止境。

使命：无微不至，即大商的服务细致入微。永不满足，把顾客满意作为公司永远追求的服务宗旨。

价值观：不怕吃苦、乐于奉献、敢拔头筹、永争第一。

将两家公司的企业文化理念一对照，就可以发现它们存在明显的异质性，核心差异就是：胖东来的追求是做精做细，大商的追求是做大做强。

于东来十分认同一种价值追求：即使在美国，上市公司也只是特例，更普遍的企业形态是中小企业，固守本分，自得其乐。海洋生态圈中有庞大的鲨鱼，也有很多快乐的小鱼。胖东来就想做一条"乐在其中、体魄强健的小鱼"。胖东来和大商价值追求上的差异，导致这两家公司采取全然不同的行为模式。

胖东来

以小野二郎东京数寄屋桥次郎寿司店为榜样，以专精、专注为行为准则，不断提升专业化经营水平，达不到公司制定的标准，宁愿放弃某些业态、减少店铺数量。

大商

从百货连锁、超市连锁到电器连锁不断扩展业态，不断开店增加商铺数量。

不同的行为模式和发展战略，又产生了截然不同的结果：

胖东来

成为商贸零售行业坪效、人均销售额、人均利润等核心指标遥遥领先的优秀企业。

大商

成为中国最大的零售业集团之一。2013年，大商集团销售突破1 500亿元，是中国百货商业首家千亿级大公司。

从对胖东来和大商的对比分析中我们可以清楚地看到，思维（企业文化理念）作为企业文化的基因，是企业的航标和灯塔，引导着企业航行的正确方向。企业如果没有清晰的核心思维，就很难形成凝聚力和执行力，因为行为没有方向，也很难得到理想的结果。

所以，于东来始终把企业文化建设当成胖东来的头等大事，亲力亲为领航掌舵，建成了具有鲜明特色的"东来文化"！

而丹尼斯在它的文化表述中明确自己是个"成本型公司"，所以在善待员工方面和胖东来有完全不同的企业行为，这就是丹尼斯在郑州等其他区域发展得不错，在新乡和许昌却无法和胖东来匹敌的原因。

与生俱来、与时俱进

说到企业文化建设，我们常常会用这样一句话来描述它：企业文化建设是一个与生俱来、与时俱进、永不停息、有始无终的系统动态过程。文化创新的规律是不断自我更新，不断吸收外来文化。

企业文化建设中一个常见的认识误区是：我们现在处于创业阶段，首要任务是解决生存问题，还顾不上搞企业文化建设。

其实，企业从诞生的那天起就要思考和解决所面临的种种问题，就要采取这样或那样的行动，就要有可供依循的企业文化。企业文化是与生俱来的，只是很多企业并没有意识到，这就像我们时刻都必须生活在空气中，却看不见摸不着它一样。

20世纪90年代，企业文化的概念传入中国还不到10年，很多理论研究还局限在大学的围墙里和学者的书斋中，负债创业的于东来却已经开始了他"文化立企"的探索。

1995年3月12日，胖东来的前身望月楼胖子店开业。

1995年9月，望月楼胖子店做出"以真品换真心"的承诺，在当时假货充斥、商战激烈的市场背景下，望月楼胖子店独特的承诺和实在的商品与服务赢得了消费者的信任，企业获得了长足发展。于东来形容，当时业务好到"收了钱都来不及放进抽屉，拿个箱子搁在地下，收了钱直接扔进箱子里用脚踩住"。

企业文化又是与时俱进的。1997年8月，望月楼胖子店更名为胖东来烟酒有限公司，提出要"创中国名店，做许昌典范"，这是胖东来企业文化上的一次跨越和提升。从关注商品质量，保障商品功能，到关注企业品牌形象建设，提升企业素质内涵，明确企业发展以中国水准为目标，胖东来第一次确立了自己的企业愿景。

于东来对企业文化重要性的超前领悟力着实让我佩服，我在10年后进入企业文化领域时还很为自己能敏锐把握发展趋势感到自豪。现在想来，和于东来相比，我真是太后知后觉了。

1998年3月15日的一场纵火案让于东来3年的心血化为灰烬，却也让于东来如凤凰涅槃、浴火重生。员工的不离不弃，顾客、朋友的倾情支持，都让他感动不已。

直至今日，每每说到动情之处，这个自嘲"喜欢哭"的男人眼圈依然会潮湿："一个不相识的大娘找到我，拉着我的手对我说，孩儿呀，千万别趴下，如果没钱，你大伯俺俩存了两万多元，给你拿来用吧。我掉着泪说，大娘，我不会趴下的,我会好好干,您放心吧!"

经历此次磨难,于东来的社会责任意识萌芽,他认识到,企业并不是他个人的。他曾经想过放弃,却无法放弃那份沉甸甸的责任,对员工的责任,对顾客的责任,对社会的责任,更是对自己的责任。

1998年5月1日,胖东来望月店重新开业。

1999年9月19日,胖东来在第一家专业量贩店名牌服饰量贩店开业的同时,推出"免费干洗、熨烫、缝边"等超值服务项目。

到1999年末,胖东来旗下已经有7家连锁店。在企业成长的同时,"东来文化"也更为完善、系统。胖东来又推出"不满意就退货"的全新经营理念,至此,胖东来整个服务体系的雏形基本形成:以真品换真心,不满意就退货,服装免费干洗、熨烫、缝边,电器免费维修(仅收更换零件的成本),珠宝免费鉴定、清洗……所有这些服务项目的背后,是更深层次的文化基因——"爱"和"舍得"。

2002年1月1日,第一家旗舰店胖东来生活广场开业,营业面积达2.3万平方米,集购物、休闲、餐饮、娱乐于一体,是许昌最大的综合商场。

到2002年底,胖东来已经从一家不起眼的烟杂小店,成长为拥有大型综合商场、服饰鞋业大楼、量贩式电器商场和

15个超市的商贸集团,扩张速度很快……

开店扩张的同时,于东来始终没有忘记让"东来文化"与时俱进、同步发展。其间,胖东来官网开通;《胖东来人》创刊,做到员工人手一份,加强对内、对外宣传和文化传播。

2003年1月3日新年伊始,已成为商贸集团的胖东来将其愿景更改为:世界的品牌,文明的使者。开始将视野放宽至全球,并超越商业诉求,追求更高境界。

如果继续细数,我们可以更清晰地看到胖东来经营和文化并行发展的轨迹,但是我们希望从胖东来的发展轨迹中悟出这样的道理。

企业文化和企业经营如影随形

任何一家企业,从它注册成立的那天起,其企业文化就同时诞生了,它就是企业思维和行为的依据。

如果你像于东来那样明白这一点,并把它清晰地梳理出来,你的企业文化就可以被称为"显性文化",全体成员因此知道应该怎么思考、怎么做事,应该采取什么样的工作方式。

如果你不明白这一点,你的企业也是有文化的,因为你的每个行为都是有思维依据的,只是你不知道它是什么,这时你的企业文化就被称为"隐性文化"。你企业的员工不清楚你提倡什么、反对什么,就不可能有统一的思维和行为模式,因此也无法形成合力。

从理论上说，企业文化可分为"显性文化"和"隐性文化"。

"显性文化"是主体意识到的、主动推行和强化的文化；"隐性文化"是主体尚未明确意识到，却在"无意识"中受其影响和制约的文化。陷入"隐性文化"的盲区危害极大，企业若在无意识中让不健康的文化主导了自己的思维和行为，当这种潜在危机累积到一定程度，受到外界条件的触发时，即便是巨无霸企业也会轰然倒下！

其实企业文化无时不在、无处不在，而且每时每刻都在影响着企业的思维和行为，进而影响到企业的成长和发展。

企业文化不是奢侈品

不是企业做大了、有钱了，才去做企业文化。优秀的企业文化如同我们生活中的氧气，片刻不容缺失。如果包围你的是有害气体，你的健康就会受到损害。企业也一样，没有好的企业文化，即便抓住某个机会爆发了，赚了不少钱，企业也一定不会基业长青。那些不守信用、没有道德底线的企业，如果不改弦更张，有几个是能行久走远的？

企业文化必须随着企业的发展与时俱进

每一次文化的转型和升级，都要牢记"合适的才是最好的",如果小脚穿大鞋,脱离了企业发展现状,超出了员工的认知水平,好高骛远,企业文化就会成为一纸空文。

有些企业的核心价值观过于宏大,不接地气。而德胜洋楼的核心价值观是"诚实、勤劳、有爱心、不走捷径",胖东来的核心价值观是"公平、自由、快乐、博爱"。一目了然,更容易让员工认知、认同,也更容易贯彻执行。

开放包容、兼收并蓄

于东来从不讳言他只上过7年学。人们除了惊讶于他管理上的无师自通,对东来文化中的西化和人文性也充满好奇。

其实,在本章开头我就明确说过,一种好的文化除了扎根自身的土壤,一定也是开放包容、兼收并蓄的,在文化前行、与时俱进的过程中,不断自我更新、不断吸收外来文化。

2005年,胖东来跨地域征战、进军新乡后,商业版图增加了近一倍,竞争对手也从许昌本土企业变成国内外的商业大鳄,东来文化因此面临着又一次大的跨越。

战略上,胖东来逐渐放慢了开店扩张的脚步。

2006年4月28日,胖东来家居馆开业,这是原来胖东来许扶店的全新改版,这标志着胖东来从做大规模向做精做强转变。

2006年11月2日,在北京展览馆举行的IGA中国新成员签约仪式上,胖东来成功加入IGA中国。这标志着胖东来与国际商业接轨,和国际商业管理对接。特别是于东来认识了当时IGA全球亚太区总裁叶毓政——被誉为中国商贸领域的"白求恩"的加拿大籍华人。

叶毓政在阐述他自己的工作时说:"我觉得,我的职责是来中国帮助本土企业发展壮大,提升业绩,包括他们的个人生活品质。作为老板,身心一定要非常健康。"

可以这么说,叶毓政确实在某种程度上改变了于东来的人生轨迹,为他打开了通往世界的大门,帮他提升了思想高度和个人生活品质。

他们多次彻夜长谈,聊商业也聊人生。即便叶毓政卸任后,他们的接触减少了,于东来也时不时会谈起他和叶毓政的友情,以及叶毓政对他的影响,东来文化中许多西方文化因素的源头就是叶毓政。

许多到胖东来考察的企业家,除了对胖东来商场的专业性印象深刻,还对胖东来的文化宣传过目不忘。尤其是以下4组展板。

第一组展板是挂在时代广场外墙上的一系列介绍宇宙的彩色展板,从浩瀚无垠的宇宙到微细的纳米粒子,从宏观到微观,向人们揭示宇宙的广袤和个体的渺小。视角恢宏的背景知识让我们领悟到，人类在这个宇宙星系中是多么渺小，于东来认为个体生命仅如同一粒尘埃！

第二组展板挂在地下停车库的墙上，图文并茂地讲述了"中外商业发展史"——从作为原始货币的贝壳讲起，一直讲到如今的商业全球化大潮。中国社会长期重农抑商，中国的商业史其实隐藏在中国历史之中。我很叹服胖东来的宣教部能整理出这样一组中外商业对照系列。

第三组展板展示的是人类历史上伟大哲学家的大幅头像和介绍，包含老子、罗素、尼采等。还有名人名言，其中一则名言是卢梭的话："我认为人实际上只能划分为两类——有思想的人和没有思想的人。"

第四组展板在时代广场六楼办公区，名为"全球最幸福国家排名榜"，张贴着挪威、丹麦、芬兰、澳大利亚、新西兰、瑞典、加拿大等国的自然风光照及社会、人文介绍。

可能令人奇怪的是，这么重视空间氛围布置的胖东来商厦，却找不到一张商业广告。如果你能有幸拿到一本胖东来《企业文化指导手册》并仔细阅读，你就会知道，所有的展示都属于胖东来的环境文化建设，是东来文化理念系统的视觉化举措。

于东来说："我没再跨进学校校门不等于我不再学习，我非常喜欢学习，随时随地学，抓住各种机会学，向能促进我思考的人学，用各种形式学。了解星空宇宙，体会人类的渺小和伟大，体会人生的短暂和永恒，这些都要落实到我们对生命和人生价值的认识上，我认为个体生命仅是一粒尘埃！但就算是一粒尘埃，我们也得表达出我们曾经存在过，那就是创造价值，同时回归生命的本质，让自己的心灵轻松一点儿、自由一点儿、快乐一点儿。"

由此，在解决了生存问题以后，于东来就倡导"工作是快乐的！"这一理念，他要让胖东来服务的顾客快乐、让员工快乐、让身边的家人快乐，也让自己快乐！这就是于东来处处善待员工的由来，是于东来办企业的宗旨，也是他的哲学。这关乎人性，而非经营！

商业史的演进对人类社会的发展有重大而深远的影响，商业活动渗透到人类生活的各个领域，商业通过组织形态的变革和管理方式的创新推动生产力的发展，影响社会政治变革，冲击社会文化和习俗。

于东来希望通过中西方商业史的对比，员工能更深刻地认识到：商业的影响有助于调整社会体制和观念，新的商业形态能推动社会发展，让人们更加热爱商业、热爱自己所在的行业，从做好胖东来开始，改善商业生态，进而改善社会生态。他的这些愿望正在变成现实。

于东来认真阅读过卢梭的《忏悔录》，并且受到很大的影响。如果像卢梭所述，人分两类，那么于东来就属于有思想的那类。当大多数企业还在苦苦思索如何扩大规模、开设更多店面、赚更多钱的时候,他却反其道而行之——开始思考和倡导"慢生活"。

"让节奏慢下来,起码不要太急,太急会有大病。"于东来从自己的经历中得出教训。最初开店的时候他只想赚钱,后来想证明自己比别人优秀,又出于善心想照顾更多的人,因此一直快马加鞭地开店。最忙碌的时候,他一天只睡3个小时,就睡在地板上,如此经年累月,最后患上了心脏病。经过一段时间的身心调养,于东来认真思索起健康的意义:你对你的身体尊重吗?你爱你的身体吗?它也是你的朋友,它也有它的需要,它也需要爱,你拿它的健康来满足其他人的利益,你说应该吗?他越来越推崇北欧的慢节奏生活方式——信奉工作与生活的平衡。

受叶毓政的启发,于东来花了不少精力关注北欧的生活模式。

有一次我去胖东来,于东来到新郑机场接机,于是有了我们在车内一段率性、放松的自由交谈。他说:"通过对北欧生活模式的倡导,我想昭告一种生命状态和生活态度,我想表达这样一个理念:我们要少一点儿,走慢一点儿,多一些真实,多一点儿自由,多一点儿快乐,让灵魂能跟上我们前行的脚步,这才是人生!"

企业领导者需能领悟中西文化的深邃智慧，拥有高瞻远瞩的战略眼光和运筹帷幄的驾驭能力，才能提升企业文化的竞争力。企业发展和企业文化同行，企业文化走得既高且远，企业发展才能如影随形，走得更高、更远。

胖东来经营之道

"道、法、术"乃是中国古代杰出的管理思想。所谓"道"，简言之就是事物发展变化的规律；"法"即法律（规）和法则；"术"是指技术操作层面上的方法和举措。

前面的章节已经把胖东来的"法"和"术"，以及实施这些"法"和"术"的理论依据做了较为详尽的阐述。但一言以蔽之，学习胖东来，还是要学习于东来的"道"，那才算取到了真经。

走"文化立企、文化强企"的正道

在和企业家的一次交谈中，大家迫切地想了解"怎么分钱"。于东来说，这不是个简单的"钱散人聚"的问题，这是一个管理系统。他在白板上写了一个公式：人性化的企业文化＋

合理的机制和体制+有效的运营系统。他此后的讲话都围绕这个公式展开，在一个半小时的交谈中，他讲得最多的就是企业文化。从1995年起，胖东来的企业文化随着企业的发展跨越了4个台阶。

（1）1995年初创期：以真品换真心。

（2）1999年成长期：不满意就退货，满足工薪消费，提高大众生活品质。

（3）2005年发展期：创造财富，传播文明，分享快乐。

（4）2008年壮大期：公平、自由、快乐、博爱（爱在胖东来）。

纵观胖东来的成长发展史，企业文化就是一条贯穿始终的红线。特别是近年来，于东来亲力亲为、高度关注的就是胖东来的企业文化建设，胖东来是一个"文化立企、文化强企"的杰出典范。

《孙子兵法》云："三军可夺气，将军可夺心。"激发士气、鼓舞斗志自古就是军中大事。协调一致的企业文化是企业的灵魂，优秀的企业文化是企业生存和发展的原动力，企业文化能共启愿景、凝聚人心，也是企业区别于其竞争对手的根本标志。

所谓"成也企业文化，败也企业文化"，有优秀企业文化的企业会茁壮成长，对文化的影响力认识不足的企业可能会成为其自身文化的牺牲品，这绝非耸人听闻。

对真心来胖东来学习的企业家朋友，我有两条恳切的建议。

其一，检视一下自己对企业文化的认识深度，有没有梳理出清晰的企业文化理念系统？是否把企业文化建设当成了企业成长发展的生命线？

其二，检视一下自己的企业文化建设状况，是否已经将企业文化付诸实践？放在官网上的文化宣言是否融进了管理制度，外化成企业和员工的行为，做到了"内化于心，固化于制，外化于行，物化于境"？这是检验企业文化落地的试金石，如果存在差距，那么学习胖东来，从重视企业文化建设开始吧！

企业领导者是企业文化的灵魂

企业创始人或最高领导者在企业文化建设中应该扮演什么角色？

企业是企业创始人的孩子，企业文化必然有他的性格基因，他的阅历、信仰、秉性、价值观决定了企业文化的雏形和走向。

《资治通鉴》有云："吴王好剑客，百姓多创瘢；楚王好细腰，宫中多饿死。"上有所好，下必甚焉。

晚清重臣曾国藩曾说："风俗之厚薄奚自乎？自乎一二人

之心之所向而已……此一二人者之心向义，则众人与之赴义；一二人者之心向利，则众人与之赴利。"

特别是国内一些民营企业，从经营到管理，从产品到理念，从小发展到大，企业精神中无一不表现出企业创始人独特的人格。因此，有些人甚至认为企业文化就是企业一把手的文化，就是"老板文化"。尽管这种看法失之偏颇，但在一些企业里，其企业文化的确明显体现出一把手的特征。

如果一个企业领导人是从本企业一步一步升上来的，那么他对该企业的企业文化更会有潜移默化的影响，会影响企业的决策和价值取向。胖东来和于东来就是一个明证。

企业文化建设无法授权，既不能下放给企业文化部或人力资源部去负责，也不能外包给外部咨询机构，企业创始人或最高领导者必须亲自主导推动此项工作。

且看胖东来，首先，于东来是胖东来企业文化的设计师，胖东来企业文化的核心理念都深深地打着于东来的烙印。

其次，于东来是胖东来的文化"教父"，在胖东来的官网、《胖东来人》和于东来的微博上，于东来反反复复地传播着以下核心文化理念。

（1）我为什么向往个性鲜明、自由、乐观、自信的生活状态呢？因我懂得过度的嫉妒、贪婪、虚伪、自私、心胸狭隘在生活中会让自己多么痛苦，甚至有时让自己自卑，龌龊得无地自容。

（2）我讨厌依附在人们身上的阿Q精神，我追求让自己阳光、坦诚地面对生命，当我努力寻求这种理念和信仰时，我的生活从此多了阳光和希望。而工作、爱情也一样，没有倾心投入，就不可能品味到其中至纯的快乐、浪漫和幸福！

（3）在现实生活中，我可能有些另类，可我要尽力个性地活自己，活在当下会让生命多些轻松和激情。我希望所有人都能快乐地生活，可太多人并不懂得创造和分享美好的生活……如果只看到一切有利于自己的东西，生活就会失去色彩和阳光！

（4）鲁迅希望他文章中的抨击和启迪使人们看到糟粕的文化对人们的伤害，人们只是说，"社会就是这样，我们有什么办法"。人们只知道工作是为了生存或某种其他目的，这样太悲苦。工作应和生活一样开心，一样有激情！

（5）人的生命是有限的，人生是否有价值就看我们是否懂得珍爱和分享，懂得创造生活、创造浪漫、创造美好！

（6）谁都追求那份纯净的爱，可我们的心又是那么贪婪！真心付出，自然会得到属于自己的梦。

（7）讲道理在生活中是那么苍白，可不明道理的生活又显得那么无奈和迷茫。环境造就人，多接受正面的熏陶，优秀的信念会让生命更淡定和坦然……想起了自己年轻时生活道理和信仰的缺失！

（8）文化信仰的品位决定着社会和人的品位，中国的文化需要进步！

……

于东来这些熠熠生辉、充满生活哲理的思想成为胖东来文化的核心，在胖东来随处可见，于东来是胖东来文化的灵魂。

让我们重温一下卢梭的名言："我认为人实际上只能划分为两类——有思想的人和没有思想的人。"于东来是个有思想的人，他的思想深深地融入胖东来的文化。这充分说明，企业家的视野、境界、思维模式和人文底蕴决定了企业发展最终能达到的高度，企业家是企业文化的灵魂。

企业家的人格、素养是企业文化的基因

卓越的企业家追求较高水平的企业抱负。高瞻远瞩的企业战略定位有助于企业获得先发优势，企业家是企业文化的灵魂。但是，灵魂亦有高下、善恶之分，想要积极引导企业文化，需要高尚的灵魂。

企业家的人格是企业文化的基因

日本经营之圣稻盛和夫先生分享过他的一个成功方程式：

成功 = 人格·理念（-100～100）× 能力（0～100）× 努力（0～100）

我们且把"人格·理念""能力""努力"称作成功三要素。

其中,"人格·理念"的数值范围为 –100 至 100,能力和努力均为 0 至 100。三者中最重要的是"人格·理念",它是矢量,有方向性。

人格有两个方面,正面的如公正、诚实、开朗、勇敢、谦虚、善良、克己、利他等,负面的如不公、伪善、卑怯、傲慢、任性、浮躁、妒忌、以自我为中心等。人格不同,企业家会有截然不同的理念,不同的善、恶区分。因此,稻盛先生认为,企业家必须高度重视自己的"人格·理念"。

于东来多次对自己的成功做过解析,他说"我就是善良、舍得、有爱心",并由此演化出众多的理念,确立了他心怀"大爱"的企业家形象。学习于东来,要学的就是这个根本。

企业家要有拿起手术刀解剖自己的勇气,还原一下自己人格的底色。人贵在有自知之明,直面真实的自己,才能明确前进的方向。

完善自我,企业家要修心

因"人格·理念"不同,企业家可以有"奸商/坚商(坚守商业道德)"的巨大差异,也会最终走出完全不同的人生、事业格局。

当然,"人格·理念"是个变数,它既能变好也能变坏,既能提升也能下降。

人生之初，只有个性差异，例如开朗的、羞怯的，独立的、依赖的，勇敢的、柔弱的等，并无人格、善恶之分。

然而，不同的成长环境（教育环境和社会环境）会慢慢造就人格差异，显现善恶之分。

学习胖东来，如果仅仅学其经营方法和手段，那就是缘木求鱼了。但若要理解和学习于东来的文化哲学理念，就必须追根溯源地了解他"善良、舍得、爱"的起源。

心理学认为，童年经历对人格形成有重要的影响。中国也有句俗语，"三岁看大，七岁看老"。人生早期所发生的事情对人格的影响，历来为人格心理学家所重视。

于东来出生在一个普通的工人家庭，虽不富裕，但也非极贫。父母勤劳、朴实、肯吃苦，又传承了河南人讲义气、肯互助的特点。严父慈母的教育方法或有不当，却并不缺乏亲情和关爱，所以于东来形成了健康的人格。

特意突出"也非极贫"，是为于东来的"舍得"做铺垫。"穷人的孩子早当家"，是说幼年家贫可能是一笔财富，可以成为改善生存状态向上努力的驱动力。但如果是极贫，就可能产生负面作用。心理需求缺失补偿理论认为，如果童年时家庭极度贫困，很可能造成性格扭曲——对金钱和物质贪婪而不择手段地攫取。

善良、舍得和爱，在于东来的童年和家庭中都能找到合理的依据。当然，同一家庭的孩子也会有不同的人生，这就和后天个人的经历、悟性、修炼有关了。

于东来的父母、家庭给予了他良好的成长环境：一个健康、健全的家庭让他的童年没有太多物质和精神的缺失，并给予他善良、舍得和爱的良好基因。回忆童年的时光，于东来写道："儿时我尾随着妈妈的身影，寻找着自己的兴趣。爸爸在篮球场与伙伴们开心地打球，我在妈妈工作的地方时而奔跑，时而驻足。看姑姑们排练着红缨枪，我在一旁两眼放光，一切是那么新奇，那么幸福——那一年我5岁。"

但是人生和事业更多的成长，是由他的经历铸就的。

于东来从13岁辍学进入社会，到29岁成立望月楼胖子店正式涉足商海，其间经历的坎坷曲折、重重磨难，对于东来的人格养成和价值观塑造具有决定性作用，也是解读于东来的关键所在。

由于工薪家庭经济并不宽裕，辍学后的他为了生计必须找到生存之道。于东来的亲戚中有人做小生意，于东来的母亲在厂里上班，下班后间或摆个小地摊，赚些钱补贴家用。

耳濡目染，这个辍学少年也开始了他的商业启蒙之路。他卖冰棍、卖瓜子、卖花生、卖甘蔗……最艰苦的当数卖冰棍，小小年纪的他，怕做小买卖被人瞧不起，专找远的、没熟人的、偏僻的地方去。他骑着比自己还高的自行车,驮着个大木箱,每天从许昌沿107国道到临颍县城,一个村一个村地卖,来回不下六七十公里,回家往床上一倒,那个累呀,人都快散架了。但看着自己辛勤劳动的所得,他的心里还是甜甜的。

肯出力、能吃苦,父母的这一品质在于东来身上得到了很好的传承。没有任何背景,白手起家做到胖东来今天这个规模,其中的千辛万苦岂是一语能够道尽的,吃苦耐劳便是他克服一切困难的基石!

这样风餐露宿、颠沛奔波地做买卖,对一个少年来说确实太过辛苦了,所以他也打过很多次小工,希望能有一份相对稳定的工作,不需四处奔波。

1981年,于东来去西安投奔姑姑。河南历来灾难不断,1942年前后又遭遇了持续干旱和蝗灾,于东来的姑姑就逃荒去了西安。

作为外来打工仔,于东来在西安的一个建筑工地当了一名临时工,其生活状况可想而知。那时建筑工人是社会中生存状况最差的职业群体之一,工作环境差,工地安全措施不到位,人身安全无保障,无论严寒酷暑,白天黑夜都得赶工。这些暂且不说,最可恶的是,于东来没日没夜苦干了两个月,临完工时老板跑了,他落了个两手空空,一分钱没拿到。

这件事对于东来来说是刻骨铭心的。人生第一次打工却有如此遭遇，他在微博中提到此事时写道："当时心里那个恨呀！"所以胖东来从不欠薪，因为于东来有过打工的经历，他体验过遭遇黑心老板时员工的愤恨！

时至1984年，18岁的于东来有幸进入梦寐以求的许昌市第二橡胶厂。用心花怒放来形容他当时的心情亦不为过，能进国企工作，就意味着不再是待业青年了，脸上有光彩，生活也有了保障，将来多挣钱，找对象也不成问题了！

这段经历在于东来事业发展的道路上也极为重要。他爱上了管理工作，希望有朝一日在领导岗位上施展身手，打造一家优秀的工厂，让环境整洁、管理有序、奖惩分明，让员工公平竞争、努力工作并享受生活——这是于东来经营哲学的萌芽和来源！

1990年，于东来在哥哥的帮助下在西关开了个店，批发烟酒，那只是个不足6平方米的临时窝棚。

其间，他因货真价实、服务态度好，尝到了赚钱的快乐，也因急于赚快钱，私贩香烟两次被拘押，体会过失去自由的痛苦。

第二次被拘是去西安贩烟。成交后，于东来和同伴拉着一车烟，刚开出高速公路，就被检察人员和武警逮个正着，两名武警战士拿着微型冲锋枪把他们带到审讯室，迎面墙上有行大标语:"罚就罚你个倾家荡产,判就判你个永不再犯!"于东来在微博上说:"我一生都不会忘记。"

从拘留所出来后,那种失落感无法表达,于东来甚至想结束自己的生命。因为欠了那么多钱,不能回许昌,他只好带着几个人在秦岭拼着性命护矿,结果又是一事无成。1992年,于东来负债已近30万元。

1995年3月12日,望月楼胖子店开业。痛定思痛,于东来回顾过去所走的路,思考为什么会有那么多挫折、坎坷。他感悟到不是因为命不好,而是自己太急功近利,别人只要说哪里容易赚钱,他马上就去,也不管是否犯法。结果可想而知,天上是不会掉馅儿饼的!

于东来逐步悟出个中道理,明白无论干什么都应当脚踏实地、一点一滴地去做,遇事抱吃亏的态度,不要急功近利,不是自己的坚决不要!从那以后,谁再告诉他哪里能赚大钱他都坚决不去了,而是实实在在做好店里的生意。这些理念现在都反映在胖东来的文化中,落实到所有的经营行为上。

所有的经历在于东来身上引发的都是正向思维。贩烟被拘,他没有去想"以后头脑怎么才能更灵活些,不要被抓",而是"踏实经营,不是自己的坚决不要"。所有的经历都演化成宝贵的财富,这全靠他自己的反思和悟性。

此外,于东来交友有很强的选择性,他希望从他人身上吸收正能量。听君一席话，胜读十年书。用开放的心态接受他人的正面影响，才能促使自身的"人格·理念"快速提升。

四方联采中洛阳大张的张国贤比于东来大几岁，于东来挂在嘴边的"明世理、活自己、心灵高贵、思想自由、活在当下"就是张国贤给他的启迪。

"实践+学习+反思"才能有所领悟，才有可能进入哲学境界。强调人格高尚，强调提升理念，并将其作为成功的第一要素，乍看似乎有些虚无，但其实是唯一有效的办法。

20世纪是物质空前丰富的世纪，而21世纪是人性充分觉醒的世纪，所以有人说21世纪是心理学的世纪。我们在分析企业最高领导者的经营、管理哲学和策略时，也需要对他们的人生经历做深入剖析，因为人生经历影响一个人性格和品格的形成，进而影响其企业经营和人生哲学。

彼得·德鲁克说："一家企业只能在企业家的思维空间之内成长，一家企业的成长受其经营者所能达到的思维空间的限制。"一家企业能走多高多远，取决于企业家的境界。

建议有心学习胖东来的企业家朋友，从根本上寻求改变，先对自己的"人格·理念"做一次认真的剖析，扬长避短，修心养性。修心，使心灵纯洁；养性，使本性不受损害。通过自我反省，使身心达到完美的境界。

眼下，我们不得不承认，许多企业家的境界并不高，有的甚至连基本境界都没有,否则何以有那么多有毒有害和假冒伪劣商品!如果不从人格这个源头上去解决,怎么学习都不会有效。

于东来分享他的感悟:在目前的社会环境中,中国的企业家需要再补上一节人生价值观课。知道做企业不只是为了表现自己、满足自己瞬间的快乐和功利需求,也是在提高个人生活品质的过程中不断升华自身的精神追求,为你的员工、你的团队带来尊重、幸福和希望,让自己过上体面愉快的生活,也让员工分享你的智慧,过上更有品质的生活。

那些在经营中曾经不那么高尚的企业家,即使萌发了改过自新的良好愿望,也必须找到自己那些不良思维、行为的根源,从源头上加以纠正。

行文至此,我已经将学习胖东来的根本之"道"阐述清楚了。

(1)进入21世纪,中国企业已无法偏安一隅,必须和已有逾百年发展历史的西方跨国企业直接较量,如何提升文化软实力的问题现实而迫切。

企业文化是企业的"软实力",是企业的核心竞争力所在,企业若要持续健康发展,必须有企业文化引领,学习胖东来,通过"文化立企、文化强企"的路径选择,帮助企业不断提升。

（2）企业家是企业文化的灵魂，必须关注领导者的价值选择，重视其对企业价值观选择的影响和重要意义。依靠优秀文化领航，提升企业竞争力，转型升级能力，奏响中国企业在世界经济舞台上的华彩乐章。

塑造企业文化最关键的，就是先把企业领导者塑造成企业文化倡导的楷模。一些企业领导者总感觉企业文化是为了激励和约束员工，其实更应该激励和约束的恰恰是那些企业文化的塑造者，他们的一言一行都对企业文化的形成起着至关重要的作用。

（3）为什么在相同的外部条件下，有些企业的企业文化建设取得令人注目的成绩，而有些企业的企业文化建设至今不见起色，更有甚者至今未见动静？

有句话放之四海而皆准：伟大的企业家造就伟大的企业，但凡具有优秀企业文化的企业，一定有优秀的企业家。企业家个人的终极价值观影响着企业的价值观。回顾过去几十年中国企业的发展历程，追根溯源，在相同的社会条件下，影响中国企业文化建设的瓶颈就是企业领导者的素质瓶颈。如果不能从源头上解决企业领导者的素质瓶颈，整个企业文化建设想有突破性进展就会很困难。

企业家只有以彻底开放的胸怀，不断地经历一次次涅槃，不断地否定自我、战胜自我、超越自我，才能对企业文化进行有效引导，才能以此维持企业文化的动态平衡，永葆企业文化的生命力，推动企业健康、持续地发展，并在企业文化提升的同时塑造一个崭新的自我。

胖东来的企业文化地图

随着知识经济的兴起，信息全球化的到来，特别是我国加入世贸组织后，企业间的竞争不断加剧。一家企业能否生存和发展的关键取决于其有无核心竞争力，这主要不是来自企业外部，而是来自企业文化，它是企业在激烈的经济竞争中的制胜法宝。

随着时代的进步，虽然人们已经用"竞争合作""双赢""多赢"代替了"你死我活""非赢即输"的搏杀，但"商战"毕竟始终存在，这是市场经济的本质——通过竞争实现优胜劣汰，推动企业发展，促进社会进步。

既然要投身"商战"，"作战地图"当然不可或缺。打仗没有地图，军队便成为盲人瞎马；商战没有地图，胜算也便渺茫。运筹帷幄之中，方能决胜千里之外。

打造企业活力场的道、法、术

胖东来案例的发现和发掘,使我们这群管理学者极为欣喜,胖东来的企业文化建设路径极大地丰富了企业文化建设的理论和实践,使"打造企业活力场"的理论有了第一个本土成功案例做支撑,使管理理论工作者的梦想——为世界管理智库做出中国人的贡献——离实现更近了一步。

胖东来达到"活力场"标准

企业是个有机生命体,企业活力场的定义为:企业员工和员工之间、团队与团队之间、部门与部门之间、上级与下级之间、企业与外部环境之间积极互动、良性合作、正向激励的职场氛围,使企业每个成员都处于自发自动的自我激励状态,发挥出个体最大的潜能,使整个企业充满活力,获得最佳绩效,并健康发展和持续成长。

凡是到过胖东来的,无不感到胖东来是个充满活力的企业,上下协调一致,特别是员工的精神面貌,热情、专注、专业的工作态度羡煞无数企业老总。

企业文化之道的三个层面

所谓"道",指的是符合自然、社会、人性、企业发展规律的管理理念、原则和逻辑。按照彼得·德鲁克的定义,管理首先是"界定使命,然后组织和激励人力资源去实现这个使命"。

企业文化中的"道"由三个层面综合体现。

第一层面　企业家的人生哲学

企业家的人生哲学和价值取向影响和决定了企业的价值选择,企业家是企业文化的灵魂和基因。企业家要回答与其个人相关的最基本也是最重大的三个问题:

我是谁?

我存在的使命和价值是什么?

我的终极价值追求是什么?

于东来的答案显示出他作为胖东来的精神"教父"是达标的、杰出的:

我是心中有爱、率真、善良、舍得、有思想的独立个体。

我存在的使命与价值是传播商业文明,改善商业生态和社会生态,提升人们的生活品质。

我的终极价值追求是做爱的传道士。

第二层面　企业的经营哲学

企业的经营哲学是指不涉及具体行业、产业，揭示企业运行本质的哲学智慧和观念。例如，稻盛和夫先生的经营哲学是"追求全体员工物质与精神两方面的幸福，为人类社会的进步与发展做出贡献"，还有六项精进、经营十二条等理念、原则和逻辑，适用于他旗下所有的企业，不管是属于精密陶瓷和电信产品行业的京瓷还是日本电信运营商 KDDI，或是他后来出任董事长的日航。

胖东来的经营哲学是，"爱在胖东来，造福社会、造福员工、健康发展；培养专业、真诚、乐观的人，让胖东来成为一所培养个性、自由、自信、快乐的学校，成为一个研究和践行这种理念的平台"。

胖东来的经营哲学超越了商贸零售行业，对所有企业的经营都有借鉴意义，和稻盛的经营哲学有异曲同工之妙。

第三层面　企业文化管理理论的四个层次

企业文化具备鲜明的企业特征，表现在一家企业的思维逻辑和经营行为上。我们在前面的阐述中给出过精确定义：企业文化是企业员工当下的工作方式和生活方式、思维和行为的依据。

企业文化起于日本，形成于美国。西方企业文化管理理论有四个层次：精神文化、制度文化、行为文化和物质文化。

企业文化管理理论的四层次架构图

• • •

第1层次：精神文化

亦称"企业文化理念系统"，是整个企业文化体系的核心。企业文化理念系统主要回答与本企业相关的最基本也是最重大的三个问题。

（1）企业愿景。

企业愿景是组织成员发自内心、希望共同创造的未来景象，是组织的终极目标，体现企业永恒的追求。企业愿景也是企业发展的方向及战略定位的体现，愿景解决"企业是什么，要成为什么"的基本问题。

只有清晰地描述企业的愿景，员工、社会、投资者和合作伙伴才能对企业有更为清晰的认识。一个美好的愿景能够激发人们发自内心的感召力，激发人们强大的凝聚力和向心力。不断地激励企业奋勇向前、拼搏向上，它是企业航行的灯塔。

企业愿景需要回答：我们要到哪里去？我们的未来是什么样的？我们要成就什么样的企业？

胖东来的企业愿景：我们要成为"商品的博物馆，商业的卢浮宫"，再过一二十年，胖东来放到世界的任何地方都是一流的，我们的事业也许不是最大的，但是我们一定要尽全力把它做成最好的、最稳的、最快乐的。

关于企业愿景的三个问题，胖东来回答得非常清晰！

（2）企业使命。

企业使命阐明的是企业存在的理由和价值，即回答为谁创造价值、创造什么样的价值以及用什么特殊的能力来满足顾客的需求。简单来说，企业使命就是企业必须做的大事、一定要完成的任务。

胖东来的企业使命：让商业为人类创造更多快乐；全心全意为顾客营造一个快乐的购物家园，提升大众生活品质；做生意首先是做人，我们在企业发展的同时，教会员工怎样做人，使我们的人生更有价值，用我们的一颗爱心，营造优良环境，净化人的心灵！

胖东来对企业使命的回答，既立足于所处的商贸零售行业，又超越了零售行业的功能性，体现了更高的精神境界和更高的价值。

(3) 核心价值观。

核心价值观要回答：使企业健康成长、持续经营和达到理想化终极状态而必须坚持的道德、必须具备的能力和应该采取的行为方式或手段是什么？

美国价值系统理论专家米尔顿·罗克奇说："如果根植于一家企业的核心价值观，随着时间的推移而变成不可动摇的信条或信念时，它就成为一种核心竞争力，成为一种最不可模仿，也最不可替代的能力。"可见，不同价值观决定了企业和个人如何算账，如何看未来，从而决定了企业未来的分野与高下。核心价值观是企业的独特源泉，必须不惜一切代价去恪守。成功的企业应该小心地坚守和保护核心价值观。

以上汽通用汽车为例。其核心价值观是在该公司正式投产的第一辆汽车下线后，由当时的董事长胡茂元先生在全球招标，花60万美元聘请权威的美国管理咨询公司共同构建的。

第1条：以客户为中心；

第2条：安全和环保；

第3条：诚信正直；

第4条：不断改进和积极创新；

第5条：充分授权的团队合作。

分析可知，第3条"诚信正直"属于企业必须坚持的道德；第2条和第4条"安全和环保"及"不断改进和积极创新"属于上汽通用汽车应具备的能力；第1条和第5条"以客户为中心"及"充分授权的团队合作"属于上汽通用汽车的行事方式。

这些规范化、系统化的核心价值体系，保证了上汽通用汽车从1997年建厂至今，创造了中国汽车工业史上许许多多的第一，并被评为全国用户满意企业和中国最受尊敬企业。

在谈到花60万美元打造5条核心价值观的含金量时，胡茂元董事长说："我们是造车的企业。"其含义是：造车我们专业，我们是行家，打造企业文化不是我们的专长。请专业咨询公司协助提炼，虽然所花不菲，却物有所值。这5条核心价值观从1997年执行至今未曾改变，保证了企业文化的一以贯之。

正如米尔顿·罗克奇所说，"随着时间的推移而变成不可动摇的信条或信念时，它就成为一种核心竞争力，成为一种最不可模仿，也最不可替代的能力"。

胖东来的核心价值观"公平、自由、快乐、博爱"也已执行多年，取得了非常显著的成效，在进一步梳理企业文化时唯一需要做的是：增加它的企业个性，以展示胖东来和其他企业的区别和差异。

企业文化理念系统除了企业愿景、企业使命、核心价值观，还涉及企业宗旨、企业精神等多项与企业意识形态相关的内容。

第2层次：制度文化

它包括治理体系、组织架构、管理制度、管理流程和行为文化（主要指员工的行为规范）等公司制度。

制度是文化的外显，文化是制度的内涵。

完成企业文化理念系统的建设，只是企业文化建设的第一步，企业的精神理念不能"讲在嘴上，贴在墙上"，而必须让员工"入脑入心"，除了在企业内外广为宣传，使干部员工人人知晓，更重要的是"固化于制"，使文化理念成为制度建设的依据，与企业管理融为一体，引导和规范企业行为和员工行为，使之成为一种无意识的自觉，如此才能使企业文化持续传承。

制度是连接文化理念和企业管理行为的桥梁。胖东来在文化理念与制度融合方面堪称楷模。胖东来精神文化中的每个理念，都能在制度体系中找到相应的体现。

（1）坚定"成为世界一流企业"的企业愿景。

坚定"成为世界一流企业"的愿景，主要是提升对顾客服务的品质，让顾客获得超一流的购物体验，胖东来文化从丰富的商品、合理的价格、温馨的环境、完善的服务四个方面将"让顾客满意"的理念与制度对接，我们在前文已经做了详尽阐述。

（2）坚守"教会员工怎样做人，使我们的人生更有价值"的企业使命。

在中国民营企业里，能认真为员工做职业发展规划的不是很多。胖东来的人力资源部不仅履行为员工做详细的"职业生涯规划"的义务，还遵循企业使命的指引，独树一帜，为员工做了人生规划和生活规划。

这种人生规划和生活规划不仅有对人生和生活理念的指导，从心态、健康、安全、居家到品位全覆盖，还细致到各阶段应当住什么样的房子；不仅教员工如何工作，还教他如何享受生活。

(3) 践行"公平、自由、快乐、博爱"的核心价值观。

公平演化成：薪酬制度、股权分配制度、星级评定制度……

自由演化成：员工自主编写《岗位实操手册》、自主安排休假……

快乐演化成：半班制、周二店休和年休假……

博爱演化成：员工"平安短信"制度、员工医疗保健制度……

(4) 实施"员工参与经营的管理模式"。

2010年，稻盛和夫先生成功拯救日航，在中国引发稻盛和夫热，包括两部分：一是稻盛和夫"经营哲学"热，其实质和企业文化异曲同工；二是稻盛和夫"阿米巴"热，是一种"员工参与经营"的管理模式。

在人性日益觉醒、自主意识日益增强的 21 世纪，对"员工参与经营的管理模式"的探索方兴未艾。在中国，目前比较成熟、成形的有上海汽车集团股份有限公司"人人成为经营者"管理模式和海尔集团"人单合一"管理模式等。其核心都在于，充分调动员工参与经营的积极性，发挥员工的潜力和创造力。

前文在阐述胖东来"目的、自主、专精"的驱动力体系时已有涉及，胖东来有多种员工参与经营的管理模式，时代广场内的"茶叶店""珠宝部""服饰部"等，根据不同的产品特性和客户特点，尝试不同的经营管理模式。

第 3 层次：行为文化

企业行为文化是通过规范企业员工行为，将企业理念的系统要求，通过企业行为、企业家行为、模范员工行为和员工群体行为传递到企业内外，让所有企业相关人士通过企业各类群体下意识的动态行为模式，切实感受到企业文化的精神理念。

（1）企业行为：爱在胖东来。

2008年5月13日下午3点，汶川大地震刚刚过去24小时，一支由139人、13辆车组成的车队从河南许昌出发，满载着2000多箱方便面、2000多床被子，还有药品、铁锹、撬杠、手电筒、口罩、帐篷等物资，火速前往抗震救灾前线，这是一支由于东来亲自担任队长的民间救灾志愿队，是一支在救灾部队到达之前第一时间赶赴现场的抗震救灾队伍。

次日上午9点，胖东来救援队抵达距离汶川县100多公里的绵阳市，在将100万元现金和救灾物资捐给当地政府后，赶到了受灾严重的绵阳市安县，被安排到晓坝镇抗震救灾。

一刻也没有停歇，他们迅速投入救援。他们从倒塌的房屋中挖出了15位幸存者，并自制担架将他们抬到安全地区。他们还为受灾群众搭建了300多顶帐篷，帮助疏散了从小坝乡、茶坪乡山里以及从北川撤出来的5000多位灾民，并安装临时发电机，掩埋遇难者遗体。队员分为三支小队，突击队30人，以转业军人为主，负责现场抢险救援；机动队28人，主要负责搭帐篷；其他人员组成后勤保障队，以女职工为主，负有后勤保障、医疗救护等任务。他们迅速开始履行各自的使命。

　　志愿队队员在余震不断的情况下冒着生命危险日夜不休，在队长于东来的带领下节水节食，将自己的食品和饮用水全部拿出来救助灾民。2008年5月18日，在当地抗震救灾指挥部有关领导的安排下，救援队撤出、返程。

　　他们在救灾现场救出了16名幸存者，疏散了5 000多名群众。汶川地震，胖东来捐款捐物共计1 000万元。

　　（2）企业家行为：爱在于东来。

　　于东来的爱无处不在，企业内部"爱的故事"随手拈来，我再讲两个企业外的爱心故事。

　　于东来和我以及《商业评论》杂志的出版人曹阳先生皆是好友，即使相隔千里，也会第一时间知晓彼此的信息。

　　2013年8月11日9点，河南许昌市胖东来时代广场发生一起车祸，一名女子驾驶一辆无牌照轿车撞向胖东来时代广场的大门，造成当时在门口附近的11人受伤，一名小男孩当场死亡。

我首先得知消息，并关注于东来在微博上的表态："这次事故是我们工作没有安排好，我们会吸取教训，加强安全工作。我们也会主动承担责任，配合执法部门把后续事情处理好，让伤者满意、放心，让大家放心！"

其实交通事故鉴定结果，胖东来并无直接责任，但我知道此举是于东来"你心我心，将心比心"行事方式的必然结果，我的内心十分感动。待把此消息转发给曹阳先生，他只回了一句话："我知道他会这样做！"好友之间的信任和默契皆见于此，这也是于东来爱心和品格的印证。

2011年3月11日，日本当地时间14：46，日本东北部海域发生里氏9.0级地震并引发海啸，造成重大人员伤亡和财产损失。

因为汶川地震时于东来遇到过在现场的日本救援队，于是他第一时间表示要为日本地震灾民捐款。他认为，在自然灾害面前我们应该抛开一切种族的、民族的、政治的偏见，做出我们民族应有的举动。这不仅是因为在汶川地震时日本朋友帮过我们，也是因为我们发自内心地对日本人民遭遇的灾难感同身受。最终，于东来为日本地震捐款300万元。

(3) 模范企业员工行为。

一般企业每年都会有劳动模范、三八红旗手等各种形式的员工表彰，如今的模范员工表彰和以往已经有了很大的不同，不再是勤勤恳恳、任劳任怨、学雷锋做好事就能得到表彰，而是要体现出企业文化中倡导的精神理念，焕发时代精神。

2013年6月15日，胖东来在许昌体育馆召开7 000人规模的"榜样的力量"表彰会，受到表彰的22名员工，每个人都从不同方面体现了胖东来的价值理念追求。其中12位连续两年获得"三星级员工"称号的优秀员工，更是集中体现出于东来大力倡导的"工匠精神"，成为各岗位的行家里手，包括我们在前面介绍过的从保安成为专业珠宝鉴定师的恒垒成、从幼师变成生活广场盥洗室保洁员的王冬霞……

没有规矩，不成方圆。员工行为规范就是规矩，是企业员工必须遵循的共同规则。但员工行为规范只是一系列指导员工行为的标准性文件，它是否发挥了作用，要看其是否让员工凸显出了鲜明的"组织人"特征。

企业文化最终的落脚点一定要外化为员工的行为，使该企业员工表现出明显不同于其他企业员工的行为特征。所以，企业的行为文化也是企业文化的重要组成部分。

胖东来企业员工的行为是有鲜明的胖东来特征的，那就是热情、阳光、开朗、有爱心。网上凡是写到胖东来服务的，都会夸奖道："他们和顾客之间的关系融洽得像一家人：大嫂带钱少了，营业员会帮忙先垫上；老大爷上电梯，年轻保安会上前搀扶一把；老大娘提不动东西，营业员会帮着把货送到家……"

胖东来文化非常强调"安全"，认为"安全意味着责任，是对待生命、家人、工作、生活的态度"。以至许昌人常说："如果你在大街上看到骑摩托车戴头盔、不闯红灯的人，十有八九是胖东来的员工。"

以小见大，自觉戴头盔只是一个小例子，其他自觉按胖东来行为规范行事的案例更是不胜枚举。如果一家企业的全体员工都能将企业的行为规范外化成自觉的行为，那是多么巨大的力量啊！

文化决定行为，行为体现文化。行为通过多种方式体现着企业文化，企业行为、企业家行为、模范人物行为和员工行为，无论哪种行为，都不同程度地折射出企业的文化。行为背后的动因千差万别，重要的是那些真正在企业价值理念支撑下形成的行为习惯。那些行为所凸显出的"组织人特征"是形成企业核心竞争力的不竭动力。

第4层次：物质文化

企业物质文化是由企业员工创造的产品和各种物质设施等构成的器物文化，是一种以物质为形态的表层企业文化，是企业精神文化、企业制度文化和企业行为文化的外在显现和外化结晶。

物质文化是企业文化系统中不可或缺的重要部分，但在现实的企业文化建设中，人们将物质文化较多地归于硬件环境设施，或者以视觉识别系统为主的企业形象识别系统。

在此之外,很少见到企业在物质文化建设方面有更深层的思考、更多的投入和做更多的事情。实质上,"人创建环境,环境陶冶人"这种启发式、合作式的积极互动的产物,才能被称为"企业物质文化"。

从严格意义上说,"物质"并非"文化","文化"亦非"物质"。然而,物质的确是人类文化进步的产物,物质的生产和使用过程处处蕴含着人类的创造性文化。而人类文明的演进过程又离不开物质的具象。人创造和改进了物质,物质又促进了人类文明的演进,就如石器时代、青铜器时代、铁器时代,分别代表人类不同的文明发展阶段。

由此,我们也可以将企业物质文化归结为"人创建环境,环境陶冶人"的积极互动。人创建了承载着企业文化理念的环境,环境反过来加深了人对企业文化理念的认同。就如胖东来人创建了以"爱"为文化核心理念的胖东来环境,胖东来环境氛围又进一步优化了胖东来人的人文素养。

胖东来的环境氛围处处体现着浓浓的"爱",不但温暖着顾客的心，也滋养着胖东来员工的心。胖东来员工的爱心又在温馨的物质环境中增加了人性的温度，体现着"这里是爱的家园"的文化理念。

在物质日渐丰富、收入不断增加的情况下，越来越多的消费者不再单纯地为生活必需品而购物，而是凭着感觉去享受购物的乐趣。这种消费心理的变化对企业的软、硬环境提出了更高的要求。商家不但要为顾客创造良好的购物环境，使消费者能买到满意的商品，也要为消费者提供优质专业的服务。要记住，有满意的员工才有满意的客户，所以"人创建环境，环境陶冶人"的物质环境氛围一定是竞争胜出的不二之选。

企业文化之术的 7 个要素

"法"和"术"都是文化管理的重要工具,只是它们的着眼点不同,"法"侧重在"面"上做出规定,"术"更注重具体的执行环节。"法"是刚性的约束,而"术"是灵活、多样的工作策略和方法。

以下 7 个要素体现了企业如何通过 7 个方面的基本工作,使企业文化得到贯彻和落实。它与企业每年的企业文化重点建设规划、日常推进工作和各类活动紧密相关。

(1)领导率先垂范。领导必须身体力行,成为表率。如果领导言行不一,企业文化基本无法推行。

(2)企业文化培训。包括培训的组织架构、培训规划和培训的具体实施。培训是一种通过组织学习达成整体共识的有效途径,能让全体干部员工认同企业愿景、企业使命和企业核心价值观。没有团体学习就无法达成共识,也就没有共同的行为。

(3)企业文化推广网络。包括各类企业文化宣传品、网络及其互动沟通。没有相关责任人,任何工作都无法推进;没有相关载体,文化理念无法有效传递;没有互动、沟通和反馈,靠单向的灌输无法真正形成合力。

(4)企业英雄。企业精神的人格化体现,企业需要企业英雄（身边人、身边事）来树立标杆和榜样。

（5）故事和传说。企业英雄毕竟还是少数，习俗的力量更大，千万普通人的故事和传说有潜移默化、移风易俗的功效。

（6）礼仪、庆典、各类活动。有活动才有活力，持续通过重大活动和庆典强化企业精神，通过日常礼仪提升员工基本素质。

（7）企业文化常规化评估。没有常规化量化评估，就无法对工作的优劣进行准确评价，也就无法对工作进行持续优化改进。

这是非常具体化的工作，胖东来在这7个方面做到了全覆盖，我们仅举例陈述，不做详细展开。

（1）领导率先垂范。于东来是胖东来文化的倡导者、设计师和践行者。

（2）企业文化培训。编写完成胖东来《企业文化指导手册》；多形式、全覆盖企业文化培训；新员工入职第一件事就是学习胖东来文化。

（3）企业文化推广网络。通过《胖东来人》、胖东来官方网站、企业内部视频、于东来微博、文化目视化的环境，全方位、多角度传播企业文化。

（4）企业英雄。评定和表彰星级员工。

（5）故事和传说。已编写两本《讲述胖东来和您的故事》，展示员工风采。

（6）礼仪、庆典、各类活动。定期举办大型文艺晚会、员工嘉年华踏青活动、各类兴趣活动、国内外旅游活动等。

（7）企业文化常规化评估。年度总结必检视企业文化工作。

过去几十年，中国企业家凭借胆识、机会、人脉、勤奋，取得了不凡的成绩，但从本质上说，中国的市场经济仍不够规范，多数的中国企业家还不是真正意义上的企业家。

如今环境逐步规范，机会日渐减少，竞争日趋激烈，更重要的是市场日趋回归本真。胜利的基因不再是利己，而是利他；成功的要素不再是产品，而是客户。真正意义上的公司的力量根植于人性，正在蓬勃兴起。

如此一来，现在还顶着"企业家"光环的富人如果不懂得向市场和公司的本真力量致敬，那么起于草莽的他们将无法走得更远。靠文化立企，走文化强企之路，是未来中国企业的不二之选。

后　记

提笔写胖东来这个案例，纯属机缘巧合，冥冥之中似有天意。

自 2005 年起，我一直专注于企业文化研究，那时正确认识并重视企业文化建设的企业尚属少数，所以初期的推进工作颇为艰难。我们创立了一个交流分享的平台——企业文化首席执行官高峰论坛。每两个月走进一家企业文化建设卓有成效的企业，请他们的高管分享成功经验。

这件事一做便是三年多。我们考察、调研了几十家企业，在积累了大量第一手资料的基础上，我们于 2011 年出版了《企业文化地图》一书，获得了读者的一致好评。

我们清晰地认识到，企业文化建设是一个与生俱来、与时俱进、永不停息、有始无终、系统的动态过程，所以我们必须在《企业文化地图》的基础上继续前行，有效解决"企业文化落地难"的顽疾。

物理学中的量子理论认为，空间不是"空"的，而是充满了"场"。"场"是非物质的影响力，虽然不可见，我们却能观察到它们产生的效应。把"场"的思维应用到企业组织中，我们就会发现，组织空间内也存在相互影响的无形之力。用"场"的理论来解释企业文化或许是个可行的方法。

我们心中的理想状态是：企业文化这个"场"虽然看不见，却能强烈地被感知。这个"场"有明确的指向，能使企业员工的价值观趋于一致，形成强大的凝聚力和高度的执行力，这个"场"能有效地激发出企业全体人员的创造潜力，使整个企业充满活力。

我们不断聚焦，果真发现了这样一批典型的优秀企业——德胜洋楼、固锝电子、澳洋顺昌、亚明照明等。我们把这样的企业文化效应定义为"企业活力场"，并认为有优秀企业文化引领的企业，应该呈现出充满"生机活力"的良性状态；而优秀企业文化的落地过程就是一个打造"企业活力场"的过程。我们希望寻找和发现更多的标杆企业，并通过实证性的研究，将其变成普适性的管理理论，进而惠及更多愿意向善、向上的企业。

我们要求研究成果必须在更多企业被推广应用，这就是打造"商业生态绿洲拓展计划"的由来。我们将一个个优秀标杆企业视为沙漠中的点状绿洲，希望点状绿洲能连接成片，覆盖整个沙漠，达到改造商业生态荒漠的目的。这个概念一经提出，立刻得到管理学者、众多企事业单位的热情响应，参与者根据自身的能力和优势，纷纷推动着该计划的实施。

很多朋友都在向我们推荐中国的优秀企业，胖东来正是其中之一。之前我受邀去郑州一家大型民营化工企业讲课，与我同行的是德胜洋楼企业文化部总经理赵雷先生。我对他说，许昌离郑州这么近，我们何不乘此机会去一趟胖东来？

因为慕名去参观的人络绎不绝，胖东来人力资源部通常都会告知，"欢迎来胖东来参观考察，我们在每一楼层都公布了值班经理的联络电话，有问题请与他们联系，一定会得到热情的接待和答复"。我们不满足于外围参观，因此费了一番周折才有了和于东来零距离接触的机会。

出人意料的是，我们在胖东来时代广场门前下车时，于东来亲自出来迎接，并说自己对德胜洋楼心仪已久。交谈中我们惊奇地发现，这个率领1.3万名员工的集团董事长居然坦率得像个孩子，如此平实、快乐、透明、善良、睿智又幽默！他毫无保留地讲述着他的成功与挫折、长处与不足、快乐与苦恼，和他在一起，感觉很轻松、很快乐。

于东来表示，他已经很久不见媒体了，也不做任何宣传，"因为我们做得还不够好，不够精细，如果打分的话，目前只能是百分制的5分",而且那么多人"读"他,却至今还没有人能"读懂",这让他感到很累!

他说:"我并不是想做个商人,哪怕是做个杰出的商人,我想做一个哲学家、做一名传道士,传递我的人生感悟和价值理念。"我因此跟他谈起"打造企业活力场"的理论构架,谈起商业生态绿洲拓展计划,谈起如何构建中国式管理哲学,为世界管理智库做出中国人的贡献。他非常认同,我们聊得越发投机,感觉像是相识多年的老友。

我不得不相信努力之外必有机缘,因为到访胖东来、接触于东来的人为数众多,唯有我们能在很短的时间里达成这样一种默契。这种机缘既给予我机会,又赋予我使命。我深切希望依托胖东来这样的企业,为企业文化事业建立一个真正的好平台。

我的好友林飞帆先生是一位优秀的品牌策划人,我与他谈及这一心愿,结果一拍即合。经过大家精心的策划和准备,全面推进"企业活力场"管理实践的条件已逐渐成熟,相关网站和微信公众互动平台也将上线,这将成为一个精英汇集、高端对话的平台。我们将通过深度听、真实看、互动谈,在"场"思想的碰撞中发现标杆企业的活力基因,唤醒中小企业的全新活力。

稻盛先生说:"我们所做的事业一定要建立在有'大义名

分'的基础上，才会有持久的动力。"那么，打造"企业活力场"的使命就是推动中国企业管理实践的优化，寻找和发现优秀的"活力企业"，推进打造"企业活力场"的管理实践，总结和提炼中国管理哲学理论体系，助力中国企业转型、创新和成长！我们相信，更多像胖东来一样的优秀企业将不断涌现！

有此大义，我不敢懈怠！